会社の状況にあわせた 対応方法がわかる

令和2年改正
高年齢者雇用
の 法 解 説 と 人 事 制 度 の考え方

特定社会保険労務士 渡辺葉子 著

第一法規

はじめに

　「定年延長」、「高年齢者雇用」、「高齢社員の戦力化」等……高年齢者の活用を推進すべく風潮があります。特に最近は、国を挙げて「高齢社員の戦力化」を会社に提言しています。確かに、高年齢者を人「財」として捉えるならば、それは理にかなっているでしょう。ただし、それは、自社の高齢社員のほとんどが人「財」であることが大前提です。実際に、今現在、長年勤めあげてきた自社の高齢社員の中に、「いくら給料を払ってもよい、いつまででも働いてほしい」と心底願う人「財」となる高齢社員は、どのくらいいるでしょう。哀しいかな、その割合はそれほど多くないのが現状でしょう。それは、社員本人の問題意識の自覚も勿論ですが、従来の日本型雇用の結果でもあり、人「財」育成という意味では会社の責任でもあります。

　ところで、会社の経営者の中には、「法は守るが、高年齢者が多い職場環境や人件費・法定福利費（社会保険料の会社負担等）の負担を考えると、法を超えての高年齢者の雇用は考えられない」「これから育つ若年層社員にこそ人件費等をつぎ込みたい」といった意見が散見されます。会社が未来永劫存続するためには、手元の資金にも限りがあり、その考えも然りでしょう。しかし、それは、高齢社員が人「財」として育っていないことを前提にした考えであることも一理あるのではないでしょうか。そして、労働力人口の減少、少子化の状況下では、今後、その考えを貫き通すことは組織（会社）の消滅を招くリスクも否定できません。なんとしてでも、今こそ、経営者はその考えを少しずつでも変えていかなければなりません。

　ちなみに、人手不足と人「財」不足は、全く異なります。人手不足は足元の問題、人「財」不足は時間をかけて解消する問題です。現状

から鑑みて、人「財」として育っている高齢社員が限られているならば、当面は人手不足対応としての高年齢者雇用と、人「財」活用としての高齢社員の戦力化を同時に進めていくしかありません。この２つの雇用目的に適合したハイブリッド処遇を設定していくことになります。ただし、その間に、高齢社員の人「財」化を進めていくことを忘れてはなりません。

　現在は努力義務である70歳定年が、近い将来義務化されるであろうとの見方が大勢を占めます。その時になって慌てないように、そして何より、現役層社員も高齢社員もそれぞれが然るべき役割を全うでき、協業できる健全な組織を目指さねばなりません。そして、このような高年齢者活用を目の当たりにした現役層社員は、自分の将来の姿に置き換え、この会社で働いていたい、成長したいと思わせる効果も期待できます。

"Rome was not built in a day"「ローマは一日にして成らず」です。

　この本では、今回の法改正を理解・活用し、世の中の労務事情の流れも汲みながら、高年齢者雇用と高齢社員の戦力化の双方を視野に入れたハイブリッド処遇を考えることができるように進めていくことにします。具体的には、第１章において、現在の高年齢者雇用を取り巻く状況や考え方について解説し、第２章において、高年齢者雇用安定法、年金法および雇用保険法等の2020年に成立した法改正について概説します。この章では、法改正の全体を把握していただくために、敢えて、法律ごとに改正事項をご紹介しています。その上で、第３章では、実務に対応し易いように、改正事項を年齢階層別に分け、法改正と具体的な実務対応の方法について解説しています。第４章では、

高年齢者雇用を見据えた人事制度を考えるにあたり重要となる「ジョブ型雇用」と「同一労働同一賃金」の考え方について概説し、第5章では人手不足対応と人「財」育成対応の双方を実現する人事制度設計について解説、提案していきます。

　本書が人事労務担当者の法改正の理解、人事制度構築検討の際の一助になれば幸いです。

2021年4月

特定社会保険労務士　渡辺葉子

本書は、原則として2021年4月1日時点で公表された情報を基に編集しています。

目　次

2020 年に成立した改正法とその概要

第3章　年齢階層別　法改正と実務
～高年齢者雇用を見据えて～

高年齢者雇用の処遇を構築するための検討課題

 ## 高年齢者雇用の在り方〜具体的な制度設計対応〜

Ⅰ 制度設計のための基本的な考え方〜人「財」の育成〜

１ 労働者の側から見た環境整備の必要性

★　ダウンロード機能

　本書では、掲載している就業規則規定例、社内文書ほか各種ひな型
のうち DL↓ マークが挿入されているものについて、ダウンロード
サービスをご用意しております。下記URLからダウンロードの上、
ご活用ください。

https://skn-cr.dl-law.com/

　なお、パスワードは下記のとおりとなっています。

パスワード：70歳までの就業機会確保措置の新設に関する施行日
　　　　　　8桁を入力してください（例：2021年1月1日
　　　　　　⇒20210101）。

　　　　　　ヒント：P28をご覧ください。

※ダウンロードは、2025年5月31日までとなります。

第1章

高年齢者を取り巻く現状と
雇用の在り方
〜人生100年と高年齢者雇用〜

1 なぜ今、高年齢者活用を考えるべきなのか

（1）そもそも「人生100年」とは

　「人生100年」というキャッチフレーズが引用されて久しいですが、このフレーズがどこからきたのかご存じでしょうか。

　人生100年とは、正確には「人生100年時代」です。ロンドン・ビジネススクール教授のリンダ・グラットン氏とアンドリュー・スコット氏による著書『LIFE SHIFT　100年時代の人生戦略』の中で提唱された言葉です。ここでは、先進国の2007年生まれの2人に1人が100歳超まで生きるとし、100年生きることを前提としたライフプランの必要性が論じられています。

　このフレーズは、日本でも生保業界や金融業界の資産運用等その他多くの方面で活用され、政府のなかでも、2017年に、「人生100年時代構想会議」と銘打った会議が発足し、超長寿社会における経済・社会システムに関する議論が進められました。

（2）「人生100年」を「働く」側と「雇用する」側から考える

　かつて定年年齢が55歳だった時代から、「高年齢者等の雇用の安定等に関する法律」（以後「高年齢者雇用安定法」という）の改正（1986年）で60歳定年が努力義務となり、その後の改正で60歳未満の定年制が禁止（1998年施行）となり、ここから60歳定年が始まりました。その後、さらに改正が続き、65歳までの雇用確保義務の完全施行（2013年施行）、そして、2020年には、65歳から70歳までの就業確保措置を努力義務化する改正法が成立（いわゆる70歳定年法という。2021年施行）し、今に至っています。

　このような環境の変化の中で、働き方や雇い方にどんな変化があったのでしょうか。

人生100年時代が到来すると、「学校で学び、(色々なライフスタイルはあるかもしれませんが) 多くの人は学校を卒業後には社会に出て働き、人生の大半が過ぎたところで定年を迎え、リタイアし、その後残された人生は仕事から離れて、ゆったりと余生を過ごす」といったライフモデルが通用しなくなります。リタイア後の人生が長い、いわゆる「長生きのリスク」に直面するからです。この状況を労働する側からみれば、心身ともに健康で、したいことが山ほどあり、かつ、できる環境にあり、資産も潤沢にあれば問題ないのかもしれませんが、生涯賃金のUPもそう望めず、生活のために働かざるを得ない人もたくさんいます。また、まだまだ体力もあり、自らの生きがいのために、または、健康維持のために、社会との接触を得るために、あえて働くことを選ぶ人もいるでしょう。

　一方で、人を雇用する側からみれば、少子高齢化で若者が減少し、どんなにAI化が進んでも、人に任せる仕事は未来永劫続きます。会社が成長し、存続するためには「人」が必要になります。自社に貢献してもらえる人材を育て、末永く働いてもらうことを求めるようになります。

　そこで、働く側は、年齢に関わらず、新しい知識を学びまたは学びなおす。場合によっては、退職と復職、転職を繰り返し、または副業を始める、起業する等、新しいライフプランの設定が必要となります。同時に、雇う側は、「人」を採用し、育成し、教育し、いろいろな仕事を経験させ、時間と費用を費やして育てあげた社員にできるだけ長く、自社のために生産性をあげて働いてもらうことが課題となります。特に最近では、いったん退職し、他社で経験を積んだ人を迎え入れる出戻り社員の再雇用制度や、やむを得ない理由やキャリアアップのために退職した社員の再雇用制度(ジョブリターン)等を積極的に取り入れる会社もあります。

このように、どんな形であれ、どういうプロセスであれ、会社と人は、より長い間つながって行くことが必要となります。

（3）中小企業も考えるべき高年齢者雇用のあり方

　入社3年以内の新卒の離職率は3割超といわれています。大企業の場合は、毎年一定数の社員が自社から離れてもそう大きな影響はないかもしれませんが、中小企業はそもそも母数が少ないので、一人一人に対する期待値は高くなります。人を採用するには、多額の費用と多くの労力がかかりますし、即戦力のある、一定程度以上のスキルや経験を持つ人をヘッドハンティングするには、相当なコネクションと費用が掛かります。中小企業こそ、一人ひとりの社員をしっかりと育て、できるだけ長い間雇用を継続するための施策を講じなければならないと考えます。その延長線上に高年齢者雇用があるとすれば、高年齢者雇用を、より真剣に迅速に進めなければならないのは、中小企業ということになります。

ポイント

● 人生100年を見据えて、働く側も雇用する側も、新しいライフプランやキャリアプランを設定する

● 高年齢者雇用を躊躇しがちな中小企業ほど、事業継続のためにも、高年齢者雇用を真剣に考えるべきである

2　高年齢者を取り巻く現状

（1）急速な高齢化

　日本は超長寿国だと耳にしたことがあるでしょう。日本は世界有数の長寿国であり、高齢化のスピードは世界一といわれています。1950年の男性の平均寿命は58歳（女性は61.5歳）でしたが、約60年後の2019年には81.41歳（同87.45歳）となり、現在も過去最高を更新中です（令和元年生命簡易表）。高齢化率（総人口に占める65歳以上の人口の割合）については、2019年は28.4％。つまり、総人口の約3.5人に1人が65歳以上でしたが、2065年には約2.6人に1人（約3.9人に1人は75歳以上）となると想定されています（「令和2年版高齢社会白書」内閣府）。

　一方で、日本の総人口は長期の減少過程に入っていて、少子化が進み、労働力人口の減少にも歯止めがかからない状況です。31人以上規模の企業における常用労働者数（約3,234万人）のうち、すでに60歳以上の常用労働者数は約409万人で12.7％を占めています（令和2年「高齢者の雇用状況」厚生労働省職業安定局）し、また、60歳以上の働いている高年齢者の9割が「70歳以上」まで働きたいと考えているという統計もあります（令和2年版「高齢社会白書」（内閣府））。

　このような状況から、高年齢者雇用は人を雇う会社にとっても働く高年齢者にとっても非常に大きな関心事となっています。

図表　何歳まで収入を伴う仕事をしたいか

> 現在仕事をしている60歳以上の者の約4割が「働けるうちはいつまでも働きたい」と回答

> 70歳くらいまでもしくはそれ以上との回答と合計⇒約9割が高齢期にも高い就業意欲あり

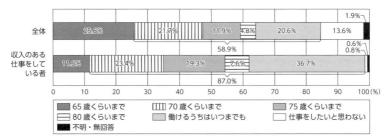

出典：「令和2年版高齢社会白書（全体版）」（厚生労働省）
（注）調査対象は、全国の60歳以上の男女。
https://www8.cao.go.jp/kourei/whitepaper/w-2020/zenbun/pdf/1s2s_01.pdf

（2）年金原資の枯渇問題と法改正

　2020年には年金改革法も成立しています。年金制度の流れに目を向けてみると、過去の「胴上げ型」から「騎馬戦型」へ、この先は「肩車型」へ移行することが確実な状況にあります。

図表　年金の型

年金は、胴上げ型⇒騎馬戦⇒型肩車型へ

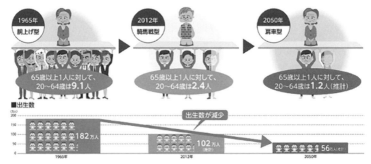

出典：「明日の安心　社会保障と税の一体改革を考える」（政府広報／厚生労働省）
https://www.mhlw.go.jp/seisakunitsuite/bunya/hokabunya/shakaihoshou/dl/panf.pdf

そこで、このままでは年金原資がままならないことから、当年金改革法では、

① 短時間労働者の社会保険の加入基準を段階的に緩和し、支え手を増やす

　　←肩車をする側の支え手＝１階部分の人を増やす

② 高年齢者にも長く働いて年金の支え手に回ってもらうため、賃金と年金の支給調整のルールを見直し、年金をより多くもらいやすくする（在職老齢年金の支給停止基準額の引上げ）

　　←肩車に乗る方側の人に、肩車をする側の支え手にもなってもらう

③ 65 歳以後の高年齢者が働きながら（厚生年金に加入しながら）老齢厚生年金受給する際には、毎年、年金額を改定する。働いている間に支払った保険料の見返りを毎年受けられるようにする

　　←肩車に乗りつつ、肩車を支える高年齢者に、長く働く意欲をもってもらう

等、多様な働き方に対応しつつ、かつ、高年齢者が働き続けやすい環境を整備しています。

（3）雇用保険法等の一部改正と高年齢者雇用

　労働者災害補償保険法（以下、労災保険法という）や雇用保険法の改正を含んだ雇用保険法等の一部改正も、2020 年第 201 回国会で成立し、2020 年 3 月 31 日法律第 14 号として公布されています。主な改正内容としては、

① 65 歳以後は、（１社だけでは、加入基準を満たない場合であっても）、複数社合計で雇用保険に加入できるようにする

　←高年齢者雇用のセーフティネットを充実させる

② 副業・兼業をする労働者に労災事故が生じたときの給付の範囲と給付額を見直す

←副業・兼業する場合のセーフティネットを充実させる

等があります（詳しくは第2章以降を参照。）。多様な働き方が認められつつあり、副業・兼業をしたいと望む人達が急増しています。この傾向は高年齢者活用にも無縁ではありません。多様な働き方を活用しつつ、高年齢者雇用を進めることも一策です。

　このような世の中の流れ、環境の変化から、高年齢者活用の必要性を再認識し、世の中の動きや法改正をしっかりと確認しつつ、自社の状況にあった高年齢者雇用の対応策を講じることができるよう、本書は構成されています。

　この10年間で、多様な働き方が浸透し、抵抗なく受け入れられる世の中になりました。このように、労働や雇用に対して、柔軟な思考ができるようになった今だからこそ、高年齢者雇用を前向きに考え、または、見直すチャンスととらえることができるのではないでしょうか。

ポイント

● 高齢化が急ピッチで進み、2065年には2.6人に1人は65歳以上となる

● 少子化も進み、労働力人口の減少が続くなか、常用労働者の12.7％を65歳以上が占め、働く60歳以上の9割が、70歳以上まで働きたいとしている

● 年金法も改正され、高年齢者が働きやすい環境が整備されつつある

● 労災保険や雇用保険法の改正をしっかりと理解し、高年齢者雇用の対策を練ることが重要である

● 多様な働き方が浸透する昨今は、高年齢者活用の必要性を再認識する絶好のチャンスであり、今こそ、高年齢者雇用を進めるチャンスである

コラム　高年齢者とは

　制度ごとに解釈が異なり、一定の定義はありません。

　たとえば、年金では「老齢」は65歳、医療保険制度では「後期高齢者」は原則として75歳以降、「前期高齢者」は65歳からをいい、雇用保険では65歳が「高年齢被保険者」にあたります。高年齢者雇用安定法では、「60歳以降」を高年齢者と位置づけています。

　高年齢者の定義については、日本老年学会・日本老年医学会「高齢者に関する定義検討ワーキンググループ報告書」（2017年3月）において、近年の高齢者の心身の老化現象に関する種々のデータの経年的変化を検討した結果、「従来、高齢者とされてきた65歳以上の人でも、65～74歳のいわゆる「前期高齢者」においては、心身の健康が保たれており、活発な社会活動が可能な人が大多数を占めている。また、……内閣府の調査でも70歳以上、あるいは75歳以上を高年齢者と考える意見が多い。一方、社会的な面の老化の指標を検討したところ、心身の老化のような明確な傾向は認められなかった。」とし、「75歳以上を高齢者の新たな定義とする」ことが提案されています。

【提言】高齢者の新たな定義
65～74歳 准高齢者・准高齢期（pre-old）
75歳～89歳 高齢者・高齢期（old）
90歳～　超高齢者・超高齢期
（oldest-ないしsuper-old）
と区分することを提言

---

3 高年齢者雇用の必要性と成功のための考え方

(1) 高年齢者雇用の現状

　高年齢者雇用の現状はどうなっているのでしょう。65歳までの雇用確保措置については、2020年6月1日現在、常用労働者31人以上の企業のうち99.9%が実施済みでとなっています。

　その方法としては、

① 　定年年齢の廃止

② 　定年年齢の引上げ

③ 　継続雇用制度の導入

の3通りありますが、全体の76.4%が継続雇用制度の導入となっています。

　継続雇用制度を採用する多くの会社では、1年間の有期雇用契約を締結し、更新しています。定年廃止や定年年齢の延長では、途中で処遇を大きく変えることが難しい傾向があります。その点、有期雇用契約であれば、いわゆるジョブ型対応として、契約更新時に提示するジョ

図表　雇用確保措置の内訳

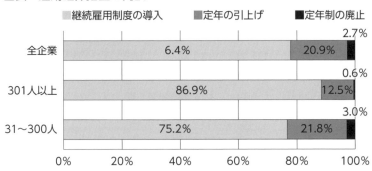

出典：「令和2年『高年齢者の雇用状況』」（令和3年1月8日職業安定局）
https://www.mhlw.go.jp/content/11703000/000715048.pdf

ブに合わせた処遇を提示しやすいという面があります。しかしながら昨今、70歳定年法の影響も少なからずあるのでしょうか、高年齢者雇用を単なる「活用」から「戦力化」へと方向変換すると同時に、65歳以降までの定年延長の動きも活発です。また、選択定年制を導入する会社もあります（P24コラム「選択定年制とは」参照）。

（2）高年齢者雇用は本当に難しい？

　高年齢者雇用は喫緊の課題です。

　会社が成長し、今後も存在し続けるためには、自社において、高年齢者雇用の在り方を真剣に考える時がすでに来ていることは明らかです。今回改正された高年齢者雇用安定法（70歳定年法）は、65歳までの雇用確保措置（義務）を前提に、65歳から70歳までの就業確保措置を規定した法であり、この就業確保措置は努力義務ではありますが、近い将来義務化される可能性は非常に高く、また、会社にとっても、高年齢者の活用なくして生き残ることが困難な状況にあることを鑑みれば、今こそ、どのような方向性を持って高年齢者活用に取り組んでいくのか、すぐにでも自社の方向性を明らかにし、かじ取りを開始すべきです。

　筆者は、仕事柄、会社の経営者と話をする機会が多いのですが、「うちは大企業ではないので、高年齢者雇用のことまではとても考えられない」という中小企業の経営者の声を耳にすることがあります。しかし、本当にそうでしょうか。冒頭にも述べましたが、大企業に比べて人が少ない＝少数精鋭で生産性を上げなければ生き残れない中小企業だからこそ、自社で育てた高齢社員に活躍してもらい、末永く活用することが必要なのではないでしょうか。

　会社は、常に進むべき方向性を確認しつつ、社員と向き合い、コミュニケーションをとり、目標を共有し、社員を育てることが重要です。

特に中小企業は大企業に比べて労使の距離が近いので、経営者の意思決定が社員に伝えやすく、また、風通しのよい企業風土を作ることにより、労使の意見交換もしやすくなります。手塩にかけて育てた社員に末永く働いてもらうことは、会社の望むところのはずですし、社員本人にとっても、会社と同じ方向性を見定めて進むことができれば、自分の仕事に迷うことなく、働き甲斐も実感でき、労使とも WIN-WIN なのではないでしょうか。中小企業だからこそ、スピード感をもって推し進めることができることもあるはずです。途中で方向変換を余儀なくされても、労使が密な関係であれば迅速に対応できる、中小企業ならではの特権だと考えます。

（3）高年齢者雇用成功の指標

　会社が、高年齢者雇用に関してどんな施策を講じるか、どのような処遇を構築するかの選択は、実は、たった一つの指標で決まるといっても過言ではありません。それは、自社での高年齢者の「役割」の明確化です。会社が高年齢者にどのような役割を期待するのか、それだけです。筆者は、それ以上でもそれ以下でもないと考えます。定年であろうと再雇用であろうと、最終のリタイア年齢を65歳またはそれ以降まで引き上げるということは、視点を変えれば、会社は、社員一人一人が会社の期待する役割を担いまたは担える高齢社員に育つように、長期に人材を育てていく覚悟が必要だということになります。

　高年齢者に求める「役割」を前提に、会社は高齢社員に何を期待し、どのような方策・処遇で高齢社員を雇用し育てるのか。そして、その延長線上で、70歳定年法をどのように受け入れるかという課題に取り組むことになります。

ポイント！

● 高年齢者雇用の必要性を認識し、自社の対策をどうするかを考える

● 多くの会社は、定年後は 65 歳までの継続雇用制度を導入しているが、選択定年制の導入や、定年年齢自体を引き上げる動きも出てきている

● 70 歳までの雇用を見据えて、今まさに、自社がどうすべきかのかじ取りをする時である

● 高年齢者雇用を考えるときに必要な指標は、会社が高年齢者に期待する「役割」に他ならない

選択定年制とは

　選択定年制とは、65歳定年のほかに、労使で話し合い、定年年齢を60歳から64歳に設定し、本人の自由意志の下で定年年齢を選択してもらう制度。

　人によっていつまで働きたいか等、就労意欲の多様化に対応するものとされています。会社でのゴールを自ら設定することにより、就労意欲が高まることが期待されています。また、社員が事前に自分でゴールを設定するため、退職後の人生をしっかりと設計できるメリットがあるともいわれています。大企業等での採用が増えています。

　この選択定年制は、早期退職制度とは違います。早期退職制度とは、早期に会社を退職して自らの生き方を尊重したいと考えている社員に対する支援であったり、業績悪化に伴う人員整理の一環であったりします。通常、退職金の割増しがあります。

第 2 章

2020 年に成立した改正法と
その概要

2020年第201回通常国会では、多くの法律が改正されました。今回の法改正は大きく分けて、全ての労働者に関する法改正と65歳～70歳までの高年齢者に関する法改正に分けることができます。とりわけ、高年齢者雇用に関連するものとしては、以下のものが挙げられます。

1　70歳までの就業機会確保措置に関する努力義務の追加（70歳定年法の施行）

2　複数の事業主に雇用される場合に関する保険関係の整備（労災保険法・雇用保険法の改正）

3　中途採用者比率公表の義務化（労働施策の総合的な推進並びに労働者の雇用の安定及び職業生活の充実等に関する法律（以下、労働施策総合推進法）の改正）

4　高年齢雇用継続給付の見直し（年金改革法・雇用保険法の改正）

　今回の改正では多様な働き方や高年齢者の労働意欲の向上を目的とした改正となっていますが、これに合わせ、多様な働き方の一つとして、副業・兼業をする労働者に対応した改正も大きなテーマとなっています。具体的には、以下のものが挙げられます。

1　二事業所で働く65歳以上の労働者の雇用保険への加入の特例等（雇用保険法）

2　複数事業労働者・複数業務要因災害の新設（労災保険法）

3　複数業務要因災害に関する新たな保険給付の創設（労災保険法）

　いずれも副業・兼業を行う労働者のセーフティネットの充実をめざしたものです。

　さらに、雇用保険法では、自己都合退職による給付制限期間の短縮、結果的に少ない労働日数であった人への保険給付の要件緩和等の改正がありました。

　以下では、今回の法改正それぞれについて解説していきます。

I 高年齢者雇用安定法の改正概要

1 70歳までの就業機会確保措置等の新設

（1）従来の法制度は？

　改正前は、65歳までの**雇用確保義務**を会社に義務付けていました。

　具体的には、60歳未満の定年を禁止し、さらに65歳までの雇用を確保するため、①65歳までの定年の延長、②定年制の廃止、③定年後再雇用による65歳までの継続雇用のいずれかの措置を義務として求めており、これを会社が行わなかった場合には、行政指導の対象となり、最終的には社名の公表までなされます（2012年度までに労使協定により制度適用対象者の基準を定めていた場合は、当該基準を適用できる年齢を2025年4月までに段階的に引き上げる経過措置が可能となっています）。なお、③の雇用継続先は、自社のみならず、特殊関係事業主でもよいこととされました。

　一方、65歳後については特に定めがありませんでした。

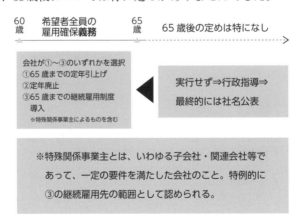

（2）今回の改正で変わったこと（施行日：2021年4月1日）

　今回改正された70歳定年法では、65歳までの雇用確保を前提に、65歳から70歳までの就業機会の確保を求めています。

　具体的には、65歳までの３つの雇用による就業確保措置（下図①～③）に加えて、２つの「創業支援等措置」（下図④～⑤）と合わせ、65歳から70歳までの５つの「就業確保措置」が努力義務となりました。

> ●新たに追加された「創業支援等措置」
> 　ⅰ　一定要件の下、業務委託契約を締結（フリーランスや起業する高年齢者との委託契約）する制度
> 　ⅱ　一定の社会貢献事業に従事できる制度

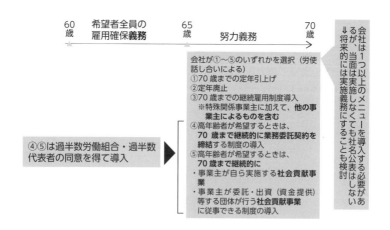

　※①から⑤のいずれか１つのみの措置に留まらず、複数の措置の組み合わせが可能。

この改正法で求めているのは「雇用」の確保ではなく、「就業機会」の確保であり、前者は「義務」ですが、後者は「努力義務」です。しかしながら、将来的には義務化される可能性は非常に高く、なにより、急ピッチで高齢化が進む中、会社としては、自社の成長や存続にとっても、人材確保は非常に重要なポイントとなり、今後は、70歳までの雇用を念頭に処遇を構築していくことになるでしょう。

参考となる指針・Q&A

2020年10月30日付で、「高年齢者就業確保措置の実施及び運用に関する指針」（以下、指針という）や「高年齢者雇用安定法 改正の概要 〜70歳までの就業機会の確保のために事業主が講ずるべき措置（努力義務）等について〜 令和3年4月1日施行」（厚生労働省）が、さらに「高年齢者雇用安定法Q＆A　高年齢者就業確保措置関係」（以下Q＆Aという）も公表されています。実際には、これらを参考に対策を講じていくことになります。

★高年齢者雇用安定法の改正〜70歳までの就業機会確保〜　厚生労働省HP

https://www.mhlw.go.jp/stf/seisakunitsuite/bunya/koyou_roudou/koyou/koureisha/topics/tp120903-1_00001.html

継続雇用制度の雇用先に「他社との雇用契約」を追加

65歳までの雇用確保措置では、自社または特殊関係事業主（子会社・関連会社等であって一定の要件を満たしたもの）による雇用に限定されていましたが、65歳から70歳までの就業確保措置では、自社または特殊関係事業主のみならず、他社での雇用も可能となります。

図表　継続雇用制度における他社の取扱い

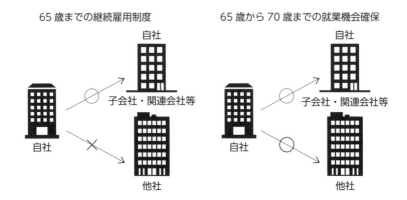

※特殊関係事業主との場合と同様、自社と相手の事業主の間での契約締結が必要（書面による締結が望ましい）

65歳から70歳の就業確保措置の努力義務は誰？

　就業確保措置の努力義務がどの事業主に課されるかに関しては、「70歳までの措置については、そもそも65歳までの雇用確保措置を前提に同一企業で高齢者を雇用し続けることを念頭においた制度であるため」、法律上、措置を講ずる努力義務を負うのは**60歳まで雇用していた事業主**とされています（「高齢者の雇用・就業機会の確保及び中途採用に関する情報公表について」（令和元年12月25日　労働政策審議会職業安定分科会））。厚生労働省ハローワーク公表の「高年齢者雇用安定法　改正の概要」においても、70歳までの就業機会の確保（努力義務）の対象者事業主は「当該労働者を60歳まで雇用していた事業主」と明記されています。

　一方で、高年齢者就業確保措置の実施者等については、次のようなQ＆Aが出ています。

（高年齢者就業確保措置の実施者）

定年まで雇用していた事業主に代わって特殊関係事業主や他の事業主が高年齢者就 業確保措置を講ずる場合、どのような措置を講ずることが可能ですか。

⇒　定年まで雇用していた事業主に代わり、特殊関係事業主や他の事業主が高年齢者就業確保措置を講ずる場合においても、高年齢者就業確保措置のどの措置を講じても構いません。ただし、改正法第10 条の２第１項に基づき、創業支援等措置は過半数労働組合等の同意を得た上で講ずることとされているため、ご指摘のような場合には、定年まで雇用していた事業主が、特殊関係事業主や他の事業主が講じる高年齢者就業確保措置について過半数労働組合等の同意を得た上で、当該措置の実施に関する計画を定年まで雇用していた事業主の従業員に周知する必要があります（高年齢者雇用安定法Ｑ＆Ａ（高年齢者就業確保措置関係）より）。

○高年齢就業確保措置は定年（60歳）まで雇用していた事業主での実施が原則

○定年（60歳）まで雇用していた事業主に代わって、特殊関係事業主や他の事業主が高年齢就業確保措置を講ずることも可能。ただし、創業支援等措置を講じる際の過半数労働組合等の同意や計画、周知は、定年（60歳）まで雇用していた事業主が行う必要がある

創業支援等措置のルール

　65歳～ 70歳までの創業支援等措置を採用するには、次の点を満たすことが必要になります。

(1)　「その雇用する高齢者が希望するとき」であること

希望の聴取は、原則として65歳までにすればよいとされていますが、特殊関係事業主で継続雇用される場合等を想定して、Ｑ＆Ａには次のように記されています。

■就業確保措置の利用希望の聴取

事業主が、雇用する高年齢者に対して**高年齢者就業確保措置を利用する希望があるかどうかを聴取する**のは、65歳の直前でなければならないのでしょうか。たとえば、定年を60歳に定める会社が65歳まで特殊関係事業主で継続雇用を行い、65歳から70歳までNPO法人で創業支援等措置を行う場合において、高年齢者の希望を聴取すべきタイミングはいつですか。

⇒改正法第10条の2第1項では、「その雇用する高年齢者が希望するときは」とあるため、**事業主は雇用している高年齢者が65歳を迎えるまでに希望を聴取する必要があります**が、タイミングについては65歳の直前でなくても構いません。また、ご指摘の場合については、定年まで雇用した事業主が、60歳定年前に高年齢者の希望を聴取していれば、法律上の努力義務としては特殊関係事業主で雇用された後においても希望を聴取することまでは求めていません。ただし、改正法の趣旨を踏まえれば、可能な限り個々の高年齢者のニーズや知識・経験・能力等に応じた業務内容及び就業条件とすることが必要であるため、特殊関係事業主に雇用された後に改めて高年齢者の希望を聴取し、適切な措置を講ずることが望ましいです

⑵ 「継続的に」「70歳まで業務委託契約と締結または社会貢献事業

に従事できる制度」であること

⑶　委託契約の締結はもちろんのこと、社会貢献事業にあっても、「金銭を支払う有償のもの」であること

⑷　社会貢献事業に関しては、**社会貢献事業に該当するか否かや、資**金等（資金援助）について、**一定の基準を満たす必要がある**こと

⑸　創業支援等措置を行うには、**実施計画の作成や過半数労働組合(な**い場合は、過半数代表者）の同意やその他手続きが必要であること

　　創業支援等措置は、他の3つの雇用による就業確保措置とは異なり、労働者としての雇用契約ではないため、労働関連法が適用されません。そのため、高年齢者が労働者として保護されないリスクを軽減するため、創業支援等措置を実施する場合には、事業主は創業支援等措置の実施に関する計画（実施計画）に記載する事項（次頁参照）を記載した計画を作成し、その計画について過半数労働組合等（過半数労働組合がない場合は過半数代表者）の同意を受けた上で導入することとされています。

【創業支援等措置の実施に関する計画の記載事項】

i　高年齢者就業確保措置のうち、創業支援等措置を講ずる理由

ii　高年齢者が従事する業務の内容に関する事項

iii　高年齢者に支払う金銭に関する事項

iv　契約を締結する頻度に関する事項

v　契約に係る納品に関する事項

vi　契約の変更に関する事項

vii　契約の終了に関する事項（契約の解除事由を含む）

viii　諸経費の取扱いに関する事項

ix　安全および衛生に関する事項

x　災害補償および業務外の傷病扶助に関する事項

xi　社会貢献事業を実施する法人その他の団体に関する事項

xii　創業支援等措置の対象となる労働者の全てに適用される定め
　　をする場合においては、これに関する事項

※上記xiの事項は、業務委託契約を締結する措置を講ずる場合および自社が
　実施する社会貢献事業に措置を講ずる場合には、記載不要。また、xiiの事
　項は、措置の対象者全員に適用される定めをしない場合には、記載不要

　２つの創業支援等措置と３つの雇用による就業確保措置の両方の措
置を講じるときは、すでに70歳就業機会確保法の努力義務を達成し
たことになるため、創業支援等措置に関して過半数労働組合等との同
意は必ずしも得る必要はありませんが、同法の趣旨を考えると、両方
の措置を講ずる場合も同意を得ることが望ましいとされています。

　さらに、**事業主は、高年齢者の就業先となる団体と契約を締結しま**

す。また、制度導入後に、**個々の高年齢者と業務委託契約や社会貢献活動に従事する契約を書面で締結する必要**があります。その際、創業支援等措置の計画を記載した書面を交付し、以下3点を十分に説明することとされています。

・労働基準法等の労働関係法令が適用されない働き方であること

・そのために実施計画を定めること

・創業支援等措置を選択する理由

対象者基準を設定できる（定年の引上げ・定年廃止を除く）

65歳までの雇用確保措置と同様に、65歳から70歳までの就業確保措置にも「就業継続の可能性」と「就業時の待遇の確保」が求められています。さらに、65歳までの雇用確保措置は「希望する者全員を対象」とすることが義務づけられていますが、65歳以降の高年齢者については努力義務であることに加え、体力や健康状態その他本人を取り巻く状況がより多様なものとなることが想定されることから、「労働者の限定を可能」とすることが適当であるとされ、対象者の限定が可能となっており、対象者基準の設定ができます。

対象者基準（指針）

i　就業確保措置の対象者基準を定めることは可能（定年の延長、定年の廃止を除く）

ii　対象者基準の策定に当たっては、労使間で十分に協議のうえ、各会社等の実情に応じて定める。その内容は原則として労使に委ね、原則として過半数労働組合等（過半数労働組合がない場合は過半数労働者）の同意を得ることが望ましい

iii　iiの場合であっても、事業主が恣意的に高年齢者を排除しよ

うとする等法の趣旨や、他の労働関係法令に反するまたは公序
良俗に反するものは認められない

　対象者基準として不適切な例と、適切と認められる具体例について
は、次のような例が公表されています。

【対象者基準の例】

●不適切な例
　・会社が必要と認めた者に限る⇒基準がないことと等しく、改
　　正の趣旨に反する
　・上司の推薦がある者に限る⇒　　　　　　　〃
　・男性（女性）に限る⇒男女差別に該当
　・組合活動に従事していない者に限る⇒不当労働行為に該当

※対象者を限定する基準については、次の点に留意して策定され
　たものが望ましい
ア　意欲、能力等をできる限り具体的に測るものであること（具
　体性）
　労働者自ら基準に適合するか否かを一定程度予見することがで
　き、到達していない労働者に対して能力開発等を促すことがで
　きるような具体性を有するものであること
イ　必要とされる能力等が客観的に示されており、該当可能性を
　予見することができるものであること（客観性）
　会社や上司等の主観的な選択ではなく、基準に該当するか否か
　を労働者が客観的に予見可能で、該当の有無について紛争を招
　くことのないよう配慮されたものであること

●基準の例

・過去○年間の人事考課が○以上である者

・過去○年間の出勤率が○％以上である者

・過去○年間の定期健康診断結果を産業医が判断し、業務上、
支障がないこと

参考：「高年齢者雇用安定法　改正の概要」（厚生労働省）
https://www.mhlw.go.jp/content/11600000/000694689.pdf
「高年齢者雇用安定法Q＆A（高年齢者就業確保措置関係）」（令和3年2月26日時点、厚生労働省）
https://www.mhlw.go.jp/content/11600000/000745472.pdf

契約継続の終了について

　継続雇用制度や創業支援等措置を実施する場合において、次の事項
等を就業規則や創業支援等措置の実施計画に記載した場合には、65歳
までの継続雇用制度と同様に、**契約を継続しないことが認められます**。

・心身の故障のため業務に堪えられないと認められること
・勤務（業務）状況が著しく不良で引き続き社員としての職責
（義務）を果たし得ないこと

　また、業務委託契約において、事前に定めた基準を満たす成果物が
納品されない場合等、実施計画の記載事項である「契約の終了に関す
る事項（契約の解除事由を含む）」（P34「創業支援等措置の実施に関
する計画の記載事項」中vii）にその旨の記載があり、計画で定めた事
由に該当する場合には、契約を継続しないことができるとされていま
す（Q＆A）。なお、指針では、「契約を継続しない場合は、客観的に
合理的な理由があり、社会通念上相当であることが求められると考え
られる」とされ、「契約を継続しない場合は、事前に適切な予告を行
うことが望ましい」とされています。

　70歳定年法による創業支援等措置（業務委託の締結・一定の社会貢献事業に従事できる制度）の対象者は労働者ではないため、従来は労災保険に加入できませんでした。2021年4月から、新たに特別加入の範囲が芸能関係作業従事者、アニメーション制作作業従事者、柔道整復師、創業支援等措置に基づき事業を行う人にも拡大されたため、一定の手続きをすることにより、労災保険に特別加入することができるようになりました。

　「令和3年4月1日からの労災保険の「特別加入」の対象者が広がります」（厚生労働省）

https://www.mhlw.go.jp/stf/seisakunitsuite/bunya/koyou_roudou/
roudoukijun/rousai/kanyu_r3.4.1.html

その他関連の法改正

　今回の改正に関連して次のような改正もされており、併せて理解しておく必要があります。

(1)　「高年齢就業確保措置に関する計画」の作成等に関わる改正

① 厚生労働大臣は、基本方針に照らして必要があると認めるときには、措置の実施について事業主に対し、必要な「指導及び助言」をすることができる

② ①をした場合において、高年齢者就業確保措置に関する状況が改善していないと厚生労働大臣が認めるときは、当該措置の「計画の作成を勧告」できる

③ ②を作成したときは、「厚生労働大臣に提出」（変更した際も同様）

④　③の計画が著しく不適当であると認める場合、厚生労働大臣は「変更を勧告」できる

※厚生労働大臣の権限は、都道府県労働局長および事業主の主たる事務所管轄の公共職業安定所長に委任する

(2)　事業主が毎年 1 回報告する「定年及び継続雇用の状況その他高年齢者の雇用に関する状況」について、70 歳までの措置に関する実施状況及び労働者への措置の適用状況が追加（2021 年度から新様式に変更）

　上記の他、「再就職援助措置」（努力義務）、「多数離職の届出」（義務）、求職活動支援書に関わる改正もありました。

Ⅱ　厚生年金保険法の改正概要

1　60歳台前半の在職老齢年金の見直し

（1）従来の法制度は？

　在職老齢年金について、改正前における年金と賃金との調整における支給停止基準額は28万円となっていました（在職老齢年金の仕組みについては後述の「そもそも在職老齢年金とは」参照）。

　老齢厚生年金の支給額は、男性ではおおむね月当たり10万円から12万円が多いとされています（女性は4万円から6万円）。また、多くの60歳台前半の高齢社員の賃金は年収240万円から500万円未満ですので、60歳台前半の在職老齢年金の支給停止額（月額）の算出についてはP43下の図表中の基本月額28万円以下かつ総報酬月額相当額は47万円以下に該当します。

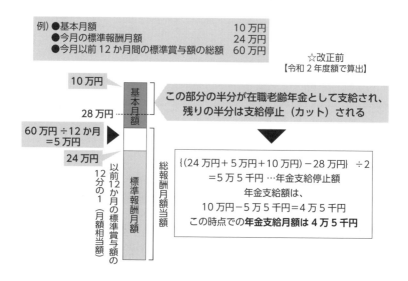

例）●基本月額　　　　　　　　　　　　　10万円
　　●今月の標準報酬月額　　　　　　　　24万円
　　●今月以前12か月間の標準賞与額の総額　60万円

☆改正前
【令和2年度額で算出】

10万円

基本月額

28万円……

60万円÷12か月
＝5万円

24万円

以前12か月の標準賞与額の12分の1（月額相当額）

標準報酬月額

総報酬月額当相額

この部分の半分が在職老齢年金として支給され、残りの半分は支給停止（カット）される

{（24万円＋5万円＋10万円）－28万円}÷2
＝5万5千円 …年金支給停止額
年金支給額は、
10万円－5万5千円＝4万5千円
この時点での**年金支給月額は4万5千円**

40

たとえば、老齢厚生年金が年額120万円（月あたり10万円）で、今月の標準報酬月額（月給）が24万円、以前12か月間に支給された賞与が60万円とすると、在職老齢年金は前頁図のような試算になり、結果として基本月額の半分程度が支給停止されることになります。

（2）今回の改正で変わったこと（施行日：2022年4月1日）

今回の改正により、支給停止基準額が28万円から47万円に引き上げられ、基本月額や総報酬月額の額にかかわらず「基本月額に総報酬月額相当額を加算した額」が47万円を超えた場合、その超えた額の半分が支給停止となります。

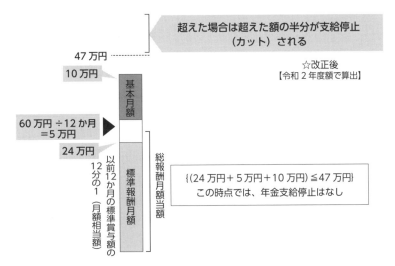

この改正により、このケースの場合には、年金は支給停止されることなく、全額受給することになります。なお、この支給停止基準額は改正前の65歳以後の在職老齢年金と同じ額です。

そもそも在職老齢年金とは

老齢厚生年金は、同時に厚生年金に加入すると、年金と賃金との間

で支給調整がかかり、その結果、年金の一部または全部が支給停止
（カット）されることがあります。これを在職老齢年金といいます。

```
　　　　　　　　■在職老齢年金の用語の説明
・基本月額
　　　…加給年金を除いた基本年金額を12で割った額
・総報酬月額相当額とは
　　　…在職老齢年金の計算対象月の標準報酬月額
　　　　　　　　　　　　＋
　　　その月以前12か月の標準賞与額合算額÷12
```

　具体的には、総報酬月額相当額が47万円以下でかつ基本月額が28
万円以下の場合には「基本月額（その人の加給年金（一定の配偶者や
子に対する家族手当のようなもの）を除いた老齢厚生年金の基本年金
額（年額）の12分の1）」と「総報酬月額相当額（在職老齢年金の計
算対象月の標準報酬月額（本人のその月の厚生年金保険料の計算の基
になる額）と、以前12か月の厚生年金の標準賞与額（賞与の額を千
円未満切り捨てた額。ただし、月当たり150万円が上限）の12分の1
相当額とします）」を合算した額が支給停止基準額を超えた場合、そ
の超えた額の2分の1相当額の年金が支給停止（カット）されます。
※70歳になると厚生年金の被保険者資格を喪失しますが、被用者で
　あり続ける場合は（年齢要件以外は、厚生年金の加入基準を満た
　すような働き方をしている場合）、引き続き、在職老齢年金の対象
　となります。
※国民年金から支給される老齢基礎年金は賃金との支給調整はありません。
※ここでは、一般的な年金額と賃金で説明しています。詳細は「60
　歳台前半の在職老齢年金の支給停止額（月額）の算出法」の表をご
　覧ください。

※計算の結果、1円でも年金が支給されれば、加給年金は満額支給されます。

図表　総報酬月額相当額の出し方

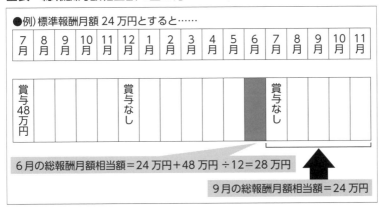

●例) 標準報酬月額24万円とすると……

| 7月 | 8月 | 9月 | 10月 | 11月 | 12月 | 1月 | 2月 | 3月 | 4月 | 5月 | 6月 | 7月 | 8月 | 9月 | 10月 | 11月 |

賞与48万円　　　　　賞与なし　　　　　賞与なし

6月の総報酬月額相当額＝24万円＋48万円÷12＝28万円

9月の総報酬月額相当額＝24万円

※賞与を支給すると、向こう12か月の間、総報酬月額相当額の算出に影響することになります

図表　60歳台前半の在職老齢年金の支給停止額（月額）の算出法（法改正前）

1) 基本月額＋総報酬月額相当額≦28万円

   支給停止なし

2) 基本月額＋総報酬月額相当額＞28万円

   次表の通り、年金の全部または一部が支給停止される

【令和2年度】

総報酬月額相当額	基本月額	支給停止額
47万円以下	28万円以下	（基本月額＋総報酬月額相当額－28万円）÷2
	28万円超	総報酬月額相当額÷2
47万円超	28万円以下	（47万円＋基本月額－28万円）÷2 ＋ （総報酬月額相当額－47万円）
	28万円超	47万円÷2＋（総報酬月額相当額－47万円）

図表　60歳台前半の在職老齢年金の支給停止額((月額)の算出法(改正後))

1）基本月額＋総報酬月額相当額　＞　47万円

　　（基本月額＋総報酬月額相当額－47万円）÷2　が支給停止される

2）基本月額＋総報酬月額相当額　≦47万円

　　支給停止なし

2　65歳以上の在職定時改定の創設

（1）従来の法制度は？

　在職老齢年金の対象者は、年金受給中も同時に厚生年金に加入し、厚生年金の保険料を払っています。では、その保険料はいつ年金額に反映（改定）されるのでしょう。改正前の65歳以後の年金については、70歳および退職（厚生年金の被保険者資格を喪失）して1か月を超えたときにのみ、直前までの保険料納付状況を基に年金額が改定されていました。

　なお、60歳台前半の老齢厚生年金は、65歳になったときにも直前まで納付した保険料を基に再計算されます。

　たとえば、70歳まで引き続き厚生年金に加入しながら老齢厚生年金を受給していた場合、65歳から70歳までに支払った保険料は、70歳になるまで、受給する老齢厚生年金の額に反映されません。

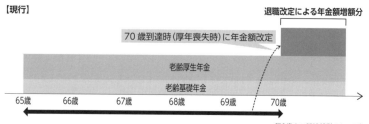

【現行】

退職改定による年金額増額分

70歳到達時（厚年喪失時）に年金額改定

老齢厚生年金

老齢基礎年金

65歳　　66歳　　67歳　　68歳　　69歳　　70歳

（70歳まで継続就労のケース）

出典：「在職定時改定の導入」（厚生労働省年金局）
https://www.mhlw.go.jp/content/12601000/000558228.pdf

　この制度では、働きながら老齢厚生年金をもらう人は、年金と賃金の支給調整がかかるうえ、さらに、支払っている厚生年金の保険料は、原則として70歳または退職する（厚生年金保険の被保険者資格を喪失する＝厚生年金から脱退）まで年金額に反映されないこととなり、かねてから高年齢者の就業意欲に影響するといわれてきました。

（2）今回の改正で変わったこと（施行日：2022年4月1日）

　そこで、今回の改正では、65歳以後の在職老齢年金を受給する人について、毎年1回、9月時点で直前までの保険料納付状況に応じて年金額を計算し、10月分から年金額を改定することにしました（在職定時改定という）。

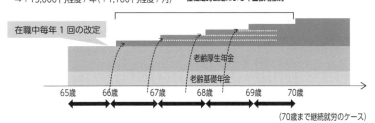

【見直し内容】
・標準報酬月額20万円で1年間就労した場合
　⇒＋13,000円程度/年（＋1,100円程度/月）

出典：「在職定時改定の導入」（厚生労働省年金局）
https://www.mhlw.go.jp/content/12601000/000558228.pdf

　なお、施行日において65歳を過ぎている場合は、65歳以降の増額分が2022年10月分から上乗せされて支給されることになっています。

1　自己都合退職時の給付制限期間の短縮の改正

（1）従来の法制度は？

　正当な理由のない自己都合で退職した場合（自己に帰すべき重大な理由により退職した場合を除く）に、失業等給付（いわゆる失業保険のこと）の受給まで、（7日間の待期期間後）3か月間の給付制限がかかっていました。

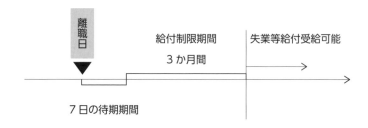

（2）今回の改正で変わったこと（施行日：2020年10月1日）

　今回の改正により、正当な理由のない自己都合退職（自己に帰すべき重大な理由により退職した場合を除く）の場合であって、離職日からさかのぼって5年間のうち2回までの離職については、給付制限期間が3か月から2か月に短縮され、失業等給付が早く受給できるようになりました。

　なお、懲戒解雇等の「自己の責めに帰すべき重大な理由で退職した」場合の給付制限期間は、これまでどおり3か月です。また、「事業主都合により離職した人（特定受給資格者）」や「正当な理由があり離

職した人（特定理由離職者）」についての給付制限はありません。

　具体的には、次の図のように離職日からさかのぼって5年間以内に離職が何回あったかで判断し、2回目までは2か月となります。

例）離職日③は5年以内に2回目（離職日②は5年以内なのでカウントしますが、離職日①は5年超なのでカウントしません）→給付制限は2か月

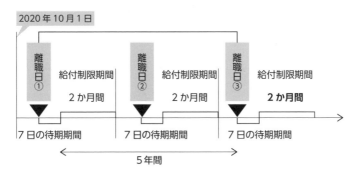

　3回目の離職を含め、5年間に3回以上自己都合による退職をしていた場合には、従来同様給付制限は3か月となります。

　次の図では、③はその離職日からさかのぼって5年以内で3回目の離職なので、給付制限期間は3か月となります。

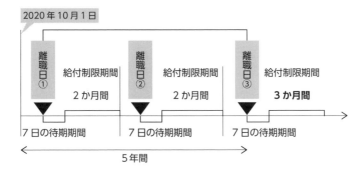

この改正は、2020年10月１日以降の離職を対象としています。なお、2020年９月30日以前の自己都合等による離職は、改正後の離職に係る給付制限期間には影響しません。

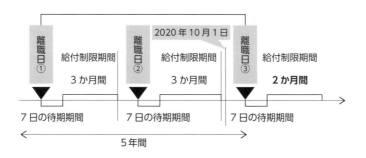

正当な理由のある自己都合退職とは

　今回の改正では、「正当な理由のない自己都合退職」を対象としています。一方、「正当な理由のある自己都合退職」とは、たとえば、「事業所が通勤困難な地へ移転したことにより、通勤不可能または困難となった場合」等をいい、「正当な理由のある自己都合退職」については、そもそも給付制限期間はありません。

2 勤務日数が少ない者でも雇用保険の給付が受けられるための改正〜保険給付の受給要件の緩和〜

（1）従来の法制度は？

　失業等給付や雇用継続給付（高年齢雇用継続給付、介護休業給付）および育児休業給付を受給するためには、一定の被保険者期間が必要です。たとえば、失業等給付（いわゆる失業保険）を受ける場合には、原則として、離職日以前2年間に通算12か月以上（特定受給資格者または特定理由離職者は、離職日以前1年間に通算6か月以上）の被保険者期間が必要とされています。改正前は、この被保険者期間は、賃金支払基礎日数（賃金計算の基になる日数）が11日以上ある月を1か月とするとされていました。

　　○＝出勤日　（　）内＝労働時間

日	月	火	水	木	金	土
1	2　○ (8 時間)	3	4	5　○ (10 時間)	6　○ (9 時間)	7
8	9	10	11　○ (10 時間)	12	13　○ (9 時間)	14
15	16　○ (8 時間)	17	18	19　○ (9 時間)	20	21
22	23	24	25　○ (8 時間)	26　○ (10 時間)	27	28
29	30　○ (9 時間)	31	1	2	3	4

　月末退職であって、一賃金計算期間が月初から月末の場合。

　1か月に10日勤務⇒被保険者1か月にカウントしない。

（2）今回の改正で変わったこと（施行日：2020年8月1日）

　今回の改正により、賃金支払基礎日数が11日なくても労働時間数が80時間以上であれば、被保険者期間を1か月とカウントできることとなり、給付が受けやすくなりました。

○＝出勤日　（　）内＝労働時間

日	月	火	水	木	金	土
1	2　○ (8時間)	3	4	5　○ (10時間)	6　○ (9時間)	7
8	9	10	11　○ (10時間)	12	13　○ (9時間)	14
15	16　○ (8時間)	17	18	19　○ (9時間)	20	21
22	23	24	25　○ (8時間)	26　○ (10時間)	27	28
29	30　○ (9時間)	31	1	2	3	4

月末退職であって、一賃金計算期間が月初から月末の場合。

1か月に10日勤務⇒11日未満だが、労働時間数が90時間（80時間以上）なので被保険者1か月としてカウントできる。

この改正は2020年8月1日以降の離職を対象としています。

なお、この場合であっても、賃金支払基礎日数が11日以上ある月を優先して被保険者期間を計算します。たとえば、離職日以前の1年間に賃金支払の基礎となる日数が11日以上ある月が11か月と、10日以下で賃金支払の基礎となる労働時間数が80時間以上ある月が1か月ある場合であっても、13か月目に賃金支払の基礎となる日数が11日以上の月がある場合は、13か月目を被保険者期間1か月として計算します。

この他、高年齢雇用継続給付に関する改正もありましたが、これについてはⅥの2で詳しく解説します。

3 副業・兼業の推進に関する法改正⑴〜二事業所で働く65歳以上の労働者の雇用保険への加入の特例等〜

（1）従来の法制度は？

　一つの事業主との労働契約単位で週所定労働時間が判断されるため、複数の事業主での労働時間を合算して20時間以上となったとしても、一つの事業主で20時間以上とならない場合には、雇用保険に加入することはできませんでした。

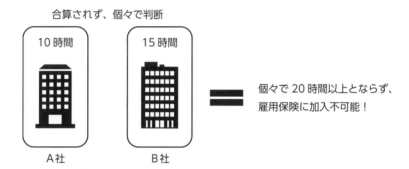

（2）今回の改正で変わったこと（施行日：2022年4月1日）

　今回の改正により、複数の事業主に雇用される65歳以上の労働者は、一の事業主との雇用だけでは雇用保険の加入基準に満たなくても、二事業所の雇用を合算して加入基準を満たした場合には、本人の希望により、雇用保険に加入することができるようになりました。

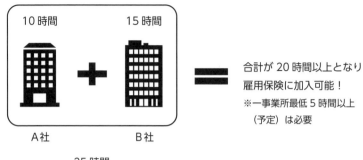

10 時間　　　　15 時間

A社　　　　　B社

25 時間

合計が 20 時間以上となり
雇用保険に加入可能！
※一事業所最低 5 時間以上
（予定）は必要

　今回の法改正は、65歳以後を対象としていますが、5年ほど試行
したあと、対象者を広げるか否かを判断するとしています。

　なお、改正後の要件に該当した場合であっても、**本人が雇用保険へ
の加入を「希望した場合にのみ」**雇用保険に加入となり、労働者が希
望した場合は、事業主は加入手続きをしなくてはならないとされてい
ます。なお、2社合計で加入する場合には、いずれの事業主も、労働
者による自社の労働時間に応じて、雇用保険料を負担することになり
ます。

　なお、2017年1月から、雇用保険の加入要件から年齢要件（65歳
未満）がなくなり、65歳以上の労働者も他の雇用保険の加入基準を
満たせば、雇用保険を適用（高年齢被保険者として加入）するように
なり、さらに、2020年4月からは、満64歳以上の被保険者に対する
雇用保険料の免除制度が廃止されています。

参考

雇用保険の加入基準は次の通りとなります。今回の改正では、2社以上の労働時間が合算可能になりましたが、この基準自体の変更はありません。

（日雇い労働者等を除く一般的な労働者の加入基準）

週所定労働時間20時間以上

かつ

31日以上引き続き雇用見込みあり

Ⅳ 労災保険法の改正概要

　事業主が同一でない2以上の事業場で雇用される労働者、いわゆる副業・兼業等により複数の事業主に雇用されている労働者（複数事業労働者という）の労災保険の保険給付の仕組みが変わりました。

　具体的には、「複数事業労働者」および「複数業務要因災害」（複数事業労働者の二以上の事業の業務を要因とする負傷、疾病、障害または死亡）という概念が新設され、複数事業労働者の労災給付に新制度が創設されています。

【複数事業労働者に関する労災保険法の改正】
⑴　新たな給付基礎日額算定方法の創設
⑵　複数業務要因災害に関する新たな保険給付の創設
※従来通り、副業先への移動時に起こった災害は、通勤災害として労災保険の給付対象となります。

1　副業・兼業の推進に関する法改正⑵～新たな給付基礎日額算定方法の創設～

（1）従来の法制度は？

　改正前は、複数事業労働者に労災事故が起きた場合、給付基礎日額（保険給付の日額）はいずれか一の、労災事故が発生した事業場で得る賃金によってのみ算定されていました。

　したがって、たとえば、会社Aで月20万円、会社Bで月15万円収入を得ている人が、会社Bで労災事故（労働災害）にあったとき、会社Bでの賃金月15万円を基にした給付基礎日額で算出された給付（月

あたり12万円相当の休業補償給付（特別支給金含む））しかされませんでした。

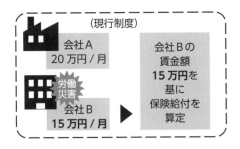

（現行制度）

会社A
20万円/月

労働災害

会社B
15万円/月

▶

会社Bの
賃金額
15万円を
基に
保険給付を
算定

出典：「複数事業労働者への労災保険給付　わかりやすい解説」（厚生労働省）より一部加工
https://www.mhlw.go.jp/content/000662505.pdf

　したがって、月35万円の賃金で生活していた被災労働者は、かなりの減収となっていました。

（2）今回の改正で変わったこと（施行日：2020年9月1日）

　今回の改正では、「複数事業労働者について、非災害発生事業場の賃金額も『合算』して労災保険給付を算定する」とされました。

　これにより、会社Aでの賃金月20万円と会社Bでの賃金月15万円を合算した月35万円で算出された給付基礎日額を基にした給付（月あたり28万円相当の休業補償（特別支給金含む））が支給されることになります。

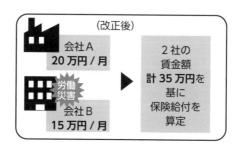

出典:「複数事業労働者への労災保険給付　わかりやすい解説」(厚生労働省) より一部加工
https://www.mhlw.go.jp/content/000662505.pdf
この改正は 2020 年 9 月 1 日以降の労災事故が対象です。

　労災保険の給付は非課税で、かつ、社会保険料もかかりませんので、改正後の手取り額は、ほぼ従来の賃金と同額を得ることができるとされています。

　なお、この給付基礎日額の算定は、以下による**負傷、疾病、障害または死亡について保険給付をする際に適用**されます。

※特別支給金であって給付基礎日額等を基に支払われるものも同様の取扱いがなされます。

> ア　副業・兼業等により複数の事業主に雇用されている労働者
>
> 　（「複数事業労働者」）の業務上の事由
>
> イ　複数事業労働者の2以上の事業の業務を要因
>
> 　（「複数業務要因」）とする事由　（次頁以降参照）
>
> ウ　複数事業労働者の通勤（副業先への移動）中の事故

複数事業労働者とは

被災した（業務や通勤が原因によってけが・病気・死亡した）時点で、事業主が同一でない複数の事業場と労働契約を結んでいる労働者のことをいいます。

2　副業・兼業の推進に関する法改正(3)～複数業務要因災害に関する新たな保険給付の創設～

（1）従来の法制度は？

改正前は、複数事業労働者が、過重労働等業務上の負荷が原因で、脳・心臓疾患や精神疾患に罹患した場合には「いずれか一の事業主の下での働き方」で労災事故か否かが判断されていました。

これにより、たとえば、会社Ａと会社Ｂに同時に勤める労働者が、過重労働が原因でメンタル不調を起こした場合、いずれか一方の会社で業務上の負荷と認められなければ、労働災害とは認められませんでした。

会社Ａでは業務上の負荷（過重労働）と判断されない
会社Ｂでは業務上の負荷（過重労働）と判断されない

労災不認定

（2）今回の改正で変わったこと（施行日：2020年9月1日）

　今回の改正では、「複数事業労働者の就業先の業務上の負荷（労働時間やストレス等）を総合的に評価して労災認定を行う」とされました。

　したがって、たとえば、会社Ａと会社Ｂに同時に勤める労働者が、過重労働が原因でメンタル不調を起こした場合、個々の会社では業務上の負荷と認められなかったとしても、会社Ａと会社Ｂでの労働時間を総合的に判断すると過重労働であり、業務上の負荷があったと認められる場合には、労災事故として認定されることになります。

　この改正は2020年9月1日以降に発生した傷病等が対象です。

会社Ａと会社Ｂでの労働時間を
総合的に判断すると業務上の負荷（過重労働）があった
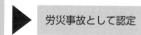
労災事故として認定

V　労働施策総合推進法の改正概要

1　中途採用者比率の公表の義務化

（1）今回の改正で制度化したこと（施行日：2021年4月1日）

　労働移動を意識した中途採用に関する環境整備のための改正であり、労働施策総合推進法の改正により、大企業に対し、中途採用比率の公表が義務化されました。

具体的には、

---

①　常時雇用する労働者数が301人以上の大企業を対象とし、

②　正規雇用労働者等の採用数に占める中途採用者の割合を定期的に

公表する（直近3年度について公表）

というものです。公表方法については、会社のホームページ等、求職者等が容易に閲覧できる方法とされています。詳細は厚生労働省ホームページをご覧ください。

（2）中途採用者比率公表制度に対する会社としての考え方

　日本では転職が長期的に増加傾向にあります。公表の義務化は、新卒一括採用を見直すきっかけにもなり、中途採用の活発化に拍車をかけると期待されています。なお、「法的義務を求める項目以外にも自主的な公表が進むよう、中高年齢者、就職氷河期世代の中途採用比率等といった定量的な情報、中途採用に関する会社の考え方、中途採用

後のキャリアパス・人材育成・処遇等といった定性的な情報の公表を
支援することが適当である」(労働政策審議会職業安定分科会)とされ、
それらの情報公表も促す方針です。これにより、転職しようとする者
が希望する会社の中途採用率を知り、さらに、中途採用に対する考え
方や処遇を知ることによりミスマッチを防ぐ効果も期待できます。さ
らに、**高年齢者の中途採用を広く公表することにより、高年齢者の雇
用・就業機会の確保を活性化させる効果もある**といわれています。

　大企業はもちろんですが、中小企業にとっても、一定程度キャリア
のある人材を確保する絶好のチャンスでもあります。中途採用者の受
け入れ体制を整えることは、人材不足に悩む会社にとってもメリット
があり、高年齢者採用もアピールできるチャンスでもあります。

罰則は？

　公表しなかった場合であっても罰則はありませんが、厚生労働大臣
による助言、指導または勧告、あるいは必要な資料の提出および説明
が求められることがあります。

常時雇用する労働者とは？

（1）①における、「常時雇用する労働者」とは、雇用契約の形態を問
わず、事実上期間の定めなく雇用されている労働者をいい、次のよう
な人が常時雇用する労働者となります。

　　イ　　期間の定めなく雇用されている人
　　ロ　　一定の期間を定めて雇用されている人であって以下のいずれ
　　　　　かに該当する人
　　　　・過去1年以上の期間について引き続き雇用されている人
　　　　・雇入れの時から1年以上引き続き雇用されると見込まれる人

Ⅵ　複数の保険分野にまたがる改正概要

1　短時間労働者の厚生年金・健康保険への強制加入の企業規模要件の引下げ（2段階）（厚生年金保険法・健康保険法の改正）

（1）従来の法制度は？

　短時間労働者の厚生年金・健康保険への強制加入の基準として、改正前は以下のとおりとなっていました。

適用事業所に使用される

Ⅰ 70歳未満の、常時使用される者（いわゆる正社員。法人の代表者や役員等も含む）、および、1か月間の所定労働日数（雇用契約で契約した労働日数）および1週間の所定労働時間数（雇用契約で契約した労働時間数）が、同一の事業所に使用されるいわゆる正社員の4分の3以上の労働者（パートタイム労働者という）

Ⅱ 大企業（特定適用事業所。厚生年金の被保険者が常時501人以上の企業）に使用される短時間労働者

※短時間労働者とは、次のｉ）からⅳ）のすべてを満たす労働者のこと

　ｉ）週の所定労働時間が20時間以上　　ⅱ）雇用期間が1年以上見込まれる　　ⅲ）月額賃金が8.8千円以上　　ⅳ）学生でないこと

Ⅲ 労使合意のある、大企業以外（特定適用事業所以外）で使用される短時間労働者

（2）今回の改正で変わったこと（施行日：2022年10月1日・2024年10月1日）

　今回の改正では、上記Ⅱの項目について、年金制度の支え手を増やすために、**厚生年金に加入すべき短時間労働者の基準を段階的に引下げます**。

2022年10月・2024年10月改正

短時間労働者の厚生年金の適用 ・101人以上（2022年10月〜） ・51人以上（2024年10月〜）

　なお、短時間労働者の要件のひとつである雇用期間が見込まれる期間が、「1年以上」から「2か月超」に見直されます。「2か月超」の要件は、改正前のフルタイム労働者等の被保険者と同様の要件です。

　この他、厚生年金や健康保険に加入しなければならない事業所の範囲が拡大します。たとえば、弁護士・税理士・社会保険労務士等、資格を有する者が行う法律または会計に係る業務を行う個人事業主の事業所であって、常時5人以上の者を使用する事業所は強制加入となります（改正前は強制加入ではない。2022年10月1日施行）。

2 高年齢雇用継続給付と在職老齢年金の改正⑴〜高年齢雇用継続給付の縮小〜（雇用保険法の改正）

（1）従来の法制度は？

改正前では、60歳から65歳到達月の賃金が60歳到達時賃金の61％以下の場合に、安くなった賃金の15％相当額が高年齢雇用継続給付として支給されます。低下率が75％以上の場合は高年齢雇用継続給付の支給はありません。

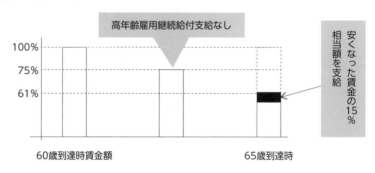

（2）今回の改正で変わったこと（施行日：2025年4月1日）

今回の改正により、この高年齢雇用継続給付の最大支給率を10％へ引き下げ、最大支給率となる際の賃金低下率を64％へ引き上げます。

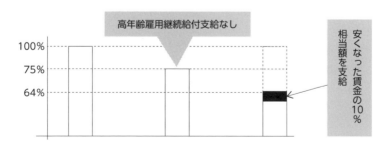

したがって、給付率そのものは低くなりますが、高年齢雇用継続給

付を最大限活用することを考えた場合の賃金は、60歳到達時賃金の61％から64％に引き上がることになります（ただし、各賃金に上限・下限額あり）。

　多くの会社では、定年年齢を60歳とし、その後、65歳まで再雇用する制度（継続雇用制度）を導入しており、定年後再雇用契約では、賃金が下がることが一般的です。その際に、一定要件を満たした高齢社員に給付されるのが雇用保険の高年齢雇用継続給付です。

　具体的には、次のⅰ〜ⅲのいずれにも該当する場合に、60歳から65歳到達月までの間、下がった賃金の最大15％が雇用保険から給付される制度です。

ⅰ　60歳から65歳未満であって、雇用保険に一般被保険者として加入していること

　※一般被保険者とは、短期雇用特例被保険者、高年齢被保険者、日雇労働被保険者以外の被保険者のこと

ⅱ　雇用保険の「被保険者であった期間」が5年以上あること

　※雇用保険の「被保険者であった期間」とは、雇用保険の被保険者として雇用されていた全期間のこと。なお、離職から再就職まで1年以内であって、その間に失業等給付等（求職者給付や就業促進手当等を含む）を受けていない場合は、離職した事業所での雇用保険の加入期間を通算する

ⅲ　原則として60歳から65歳到達月までの賃金が、60歳到達時賃金と比べて75％未満となっていること

　※60歳以後で再就職したり、60歳時に雇用保険に5年以上加入していなかったりした場合等であっても、一定の要件を満たせば給付を受けることが可能。また、給付額等には上限・下限があります。

年齢雇用継続給付が支給されるケースは次のようなケースが考えられます。一般的には、①のケースです。

図表　高年齢雇用継続基本給付金

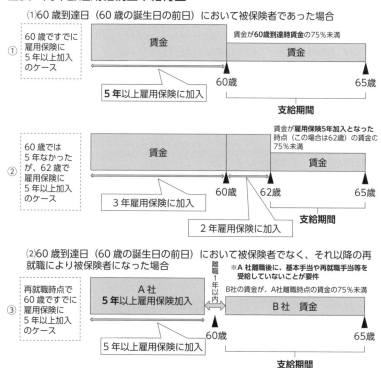

(1)60歳到達日（60歳の誕生日の前日）において被保険者であった場合

(2)60歳到達日（60歳の誕生日の前日）において被保険者でなく、それ以降の再就職により被保険者になった場合

なお、上記の他、60歳以上65歳未満で再就職した場合に、高年齢再就職給付金が受給できる場合があります。

そのほか関連の改正〜育児休業給付について〜

　育児休業をする労働者のセーフティネットを充実させるため、育児休業給付を従来の失業等給付から独立させました。さらに、独自に保険料率を設定し、育児休業給付基金を創設するとされています（2020年4月1日施行）。

図表　雇用保険の保険給付の全体像（概要）

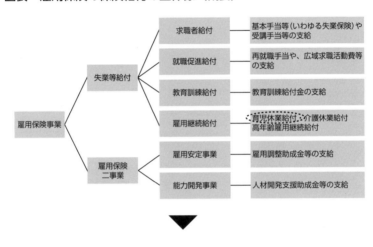

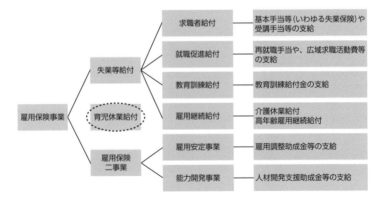

※この他に就職支援事業もあります

66

3 高年齢雇用継続給付と在職老齢年金の改正(2)～高年齢雇用継続給付の見直しに伴う在職老齢年金の改正～（厚生年金保険法の改正）

　60歳台前半の厚生年金保険に加入中の人が老齢厚生年金を受給する場合には、以下のような取り扱いとなる場合があります。

ⅰ　賃金（下図1）と年金で支給調整がかかり、年金の全部または一部が支給停止（カット）される（下図△1の部分　P41「そもそも在職老齢年金とは」参照）

ⅱ　2の高年齢雇用継続給付（下図2。P64参照）を受給すると、さらに年金に調整（支給停止。下図△2）がかかる。

　下図は60歳台前半の在職老齢年金と高年齢雇用継続給付との支給調整の例です。

図表　60歳台前半の在職老齢年金と雇用保険の支給調整（イメージ）

60 歳前半の賃金が、60 歳到達時の賃金の 75％未満になったケース

| △1．在職老齢年金による支給停止額 |
| △2．高年齢雇用継続給付との併用調整による支給停止額 |
| **支給される**在職老齢年金 |
| 2．高年齢雇用継続**給付**（賃金の 15％が上限） |
| 1．**賃金**（60 歳当時の 75％未満） |

60 歳台前半の老齢厚生年金：支給調整前

支給調整後の収入（額面）

（1）従来の法制度は？

　改正前の仕組みでは、支給対象月の標準報酬月額が60歳到達時における賃金の61%以下である場合には、支給対象月の標準報酬月額の6%相当の額がさらに支給停止となっています。

> 支給対象月の標準報酬月額が、（原則として）60歳到達時賃金の61%以下のとき
> ⇒支給対象月の標準報酬月額の6%相当額が支給停止（最大の支給停止率）

（2）今回の改正で変わったこと（施行日：2025年4月1日）

　今回の改正では、高年齢雇用継続給付（前頁図2）の最大支給率の引下げと同時に、さらなる年金との調整（前頁図△2）の率が引き下げられます。

> 支給対象月の標準報酬月額が、（原則として）60歳到達時賃金の64%以下のとき
> ⇒支給対象月の標準報酬月額の4%相当額が支給停止（最大の支給停止率）

　前頁図2の高年齢雇用継続給付は、原則として60歳到達時賃金と「計算の対象となる月の賃金」とを比較して算出されますが、△2のさらなる年金の支給停止は、「支給対象月（計算の対象となる月）の厚生年金保険の標準報酬月額」とを比較して算定されます。

4 老齢の年金の繰上げ時減額率引下げおよび繰下げ受給開始時期の上限年齢の引上げ（国民年金法・厚生年金保険法の改正）

（1）従来の法制度は？

　本来65歳から支給される老齢の年金を60歳台前半からもらい始めることを「繰上げ」といい、66歳以降からもらい始めることを「繰下げ」といいます。老齢の年金の失権事由は死亡のみですので、繰上げすれば、65歳支給開始よりも長い間年金が受給でき、繰下げすれば受給期間は短くなります。したがって、繰上げの場合は減額され、繰下げの場合は増額となります。その増減について、改正前では、以下のようになっていました。

　ⅰ 繰上げの場合→1か月繰り上げると年金額は<u>0.5%減額</u>
　ⅱ 繰下げの場合→1か月繰り下げると0.7%増額

　繰上げも繰下げも、最大60か月ですので、結果として減額、増額率は以下のようになります。

---

　a　繰上げの場合→最大で<u>30%減額（0.5%×60か月）</u>（60歳0か月から受給開始）
　b　繰下げの場合→最大で<u>42%増額（0.7%×60か月）</u>（70歳以降から受給開始）

（2）今回の改正で変わったこと（施行日：2022年4月1日）

　これに対し、今回の改正では、以下のように変更されました。

・ⅰの減額率を<u>0.4%</u>に引き下げ（60歳0か月から受給開始）（ⅱの増額率は0.7%で変更なし）

→繰上げの場合。最大で**24％減額**（0.4％×60か月）

・ｂの繰下げは**120か月を上限**（75歳以降受給開始）とする（ａの繰上げは60か月で変更なし）

→繰下げの場合、最大で**84％増額**（0.7％×120か月）

なお、老齢厚生年金にも老齢基礎年金にも同様の繰下げ・繰上げのしくみがあり、それぞれ同じ改正がなされています。

　参考として、改正前と改正後で年金受給額について具体的にどのような変化があるのかを示してみましょう（老齢基礎年金の満額（2021年度）で試算しています）。

図表　繰上げ（65歳から780,900円受給できる人が60歳0月から受給する場合）

	減額率	減額分の計算式 （※減額は最大60月）	減額分	年金受給額（/ 年）
改正前	0.5％ （最大0.5×60月＝30%）	780,900 円 × （60 月 × 0.005）	234,270 円	546,630 円
改正後	0.4％ （最大0.4×60月＝24%）	780,900 円 × （60 月 × 0.004）	187,416 円	593,484 円

※改正の対象者は1962年4月2日以降生まれの人

図表　繰下げ（65歳から780,900円受給できる人が70歳0月から（および75歳0月から受給する場合）

	増額率	増額分の計算式	増額分	年金受給額（/ 年）
70歳0か月から受給開始	0.7％ （最大0.7×60月＝42%）	780,900 円 × （60 月 × 0.007） （※増額最大60月）	327,978 円	1,108,878 円
75歳0か月から受給開始	0.7％ （最大0.7×120月＝84%）	780,900 円× （120月 × 0.007） （※増額最大120月）	655,956 円	1,436,856 円

※改正の対象者は1952年4月2日以降生まれの人

5 2か月を超えて雇用が見込まれる者の被用者保険の早期加入措置（厚生年金保険法・健康保険法の改正）

（1）従来の法制度は？

　改正前の厚生年金保険法および健康保険法では、「2か月以内の期間を定めて使用される者」は保険加入については適用除外としていました（ただし、当初の期間を超えて引き続き使用されるようになったときは、その超えた日から加入）。

図表　2か月の雇用契約を締結した場合の例

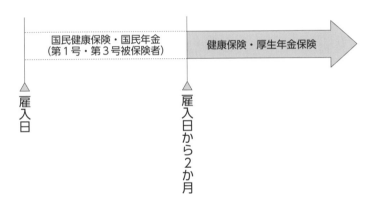

　そこで、会社によっては、この適用除外を活用し、当初2か月以内の有期雇用契約を結び、その間は被用者保険に加入させず、当初の契約期間を更新したときから加入させていました。とはいえ、元々2か月以内の雇用契約を継続反復している場合には、引き続き被用者保険に加入させることになっていましたので、結果として、当初の契約期間だけ加入させないのは適切ではない状況になっていました。

（2）今回の改正で変わったこと（施行日：2022年10月1日）

　改正後は、「『2か月以内の期間を定めて使用され、当該定めた期間

を超えて使用されることが見込まれない者』を適用除外にすることにより、雇用契約の期間が2か月以内であっても、実態としてその雇用契約の期間を超えて使用される見込みがあると判断できる場合は、最初の雇用期間を含めて、当初から被用者保険の適用対象とする。」とされました。

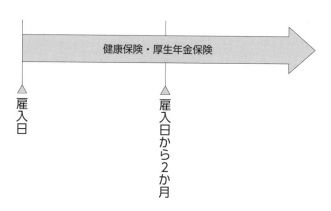

■2か月を超えて雇用が見込まれる者の被用者保険（厚生年金保険および健康保険）への早期加入

●雇用期間が2か月以内の場合であっても、
①就業規則、雇用契約書等において、その契約が「更新される旨」または「更新される場合がある旨」が明示されている場合
②同一の事業所において、同様の雇用契約に基づき雇用されている者が更新等により最初の雇用契約の期間を超えて雇用された実績がある場合
→当初から適用（被用者保険に加入させる）

※ただし
　①②のいずれかに該当するときであっても、労使双方により、最初の雇用契約の期間を超えて雇用しないことにつき合意しているときは除く

　なお、事業所調査を行い、労働者名簿等により、被用者保険を適用されていない社員等の雇用契約書等を確認し、上記①②のいずれかに該当することが事後的に判明した場合は、契約当初（保険料徴収の時効を踏まえて2年）に遡及して適用するよう指導するとしています。

第 **3** 章

年齢階層別　法改正と実務
〜高年齢者雇用を見据えて〜

Ⅰ　年齢に関わりない雇用への影響と法対応

1　副業・兼業に関する法対応

　新聞等で副業・兼業のニュースが飛び交う世の中になりました。かねてから国は副業・兼業を推進する立場にあり、副業・兼業で働く、いわゆる「複数事業労働者」のセーフティネットを充実させるための法改正も進んでおり、今回の改正の目玉の一つとなっています。

　さて、この副業・兼業は大企業だけにメリットがあるものなのでしょうか。それを問う前に、副業・兼業を考えるときには2つの立場があることを、理解しておかねばなりません。一つは、自社の社員に副業・兼業を認める立場、もう一つは、他社の社員の副業・兼業先として、自社で受け入れる立場です。その双方のメリット・デメリットや影響を考慮しつつ、さらに、実務的な問題を考えていきましょう。

（1）法改正等による副業・兼業促進への動き
①現状をとりまく副業・兼業の増加

　新型コロナウイルスの感染拡大という未曽有の事態によって急速にテレワーク制度導入が進み、長時間費やしていた通勤時間も短縮されて自由な時間が増えたことや、副業・兼業を容認する会社が増えたこと、また、2019年4月施行の改正労働基準法により時間外労働の上限規制が強化され、残業が減った結果、収入が減少する労働者も多いこと等から、副業・兼業の増加に拍車がかかっているといわれています。

②副業・兼業を行う労働者を対象とした改正

　今回の法改正では、第2章でご紹介の通り、国として副業・兼業の推進を図るべく、新たな給付基礎日額の算定方法・複数業務要因災害に関する新たな保険給付の創設（改正労災保険法、P54以下参照）に関する改正がなされています。いずれも副業・兼業を行う労働者（複数事業労働者）のセーフティネットの充実です。

　高年齢者雇用という視点からみると、処遇パターンをいくつか作ること（複線コース）を前提にすれば、副業・兼業を想定とした処遇パターンも考えることとなり、たとえば定年後継続雇用における処遇は、単一コースではなく、P233で示したような複数コースの設定を考えるべきであり、そのうち、たとえばパートコースでは、副業・兼業を想定した処遇パターンを想定することも検討の余地があります。その際には、新たな給付基礎日額の算定方法・複数業務要因災害に関する新たな保険給付の創設（労災保険の改正）が特に影響してきます。

（2）今回を機に副業・兼業の導入を検討する際の視点
①副業・兼業に期待されること

　多様な働き方の一つとして、国は副業・兼業を推進しています。少子化により労働力人口が減少することを想定して、経済の発展のために1人の能力を多方面で活用したいという考えもあり、「従業員の副業・兼業を促進することで、社外の知識、資源を取り入れることが容易になり、従業員の社外活動が増えることで、新たな事業機会が生まれる可能性も高まるため、日本の産業界においてオープンイノベーションが加速化することが期待される」としています（詳細については、コラム「オープンイノベーションとは」参照）。

　会社が高年齢者雇用を考えるとき、大企業だけでなく、企業規模に関わらず中小企業においても、是非とも自社の社員の副業・兼業を視

野に入れておくべきと考えます。それは、第5章で提案する高年齢者雇用における複線コースを設定する際に、処遇決定等の面で副業・兼業を取り入れるメリットがあるからです。

　逆に、他社で働く高齢社員の副業・兼業先として、手を挙げることにもメリットがあります。他社の高齢社員が今まで培ってきたスキルや経験を自社のために費やしてくれるのであれば、自社にとっても、自社の現役層社員にとっても大きなメリットがあるからです。まさにオープンイノベーション効果が期待できるということです。

✍ コラム　オープンイノベーションとは

　「オープンイノベーション」とは、バーバード・ビジネススクールやカルフォルニア大学バークレー校で教授を務めたヘンリー・チェスブロウ氏が、2003年に著書「Open Innovation」で提唱した概念であって、"意図的かつ積極的に、内部と外部の資源の流出入を活用する"ことであり、新たな市場価値創造に向けた手段として注目されています。実際に、オープンイノベーションに先駆的に取り組んできた会社では、売上の拡大、新事業の創出等、目に見える成果に繋がったことが示されています（平成29年度産業技術調査事業 会社のオープンイノベーション推進における人材マネジメントに関する調査報告書より）。

　より分かりやすい表現では、自社以外から新たな技術や知識、アイディアを取り入れ、新製品や新商品、サービス、ビジネスモデルの開発、技術革新や組織改革等をすることを指し、イノベーションは刷新、改革、新しいことを意味します。

　反対の意味を持つのは、「クローズドイノベーション」。こちらは、自社内のリソースのみで、新製品や技術改革等を行うものを指します。

　オープンイノベーションは新しい発想を生み出します。異なる文化・業種等の考えが入り、新しい技術革新を起こすことができます。一方、クローズドイノベーションは閉鎖的になりがちであるため、一定の成長で止まってしまう可能性が大きいとされています。

②労働者・会社からみた副業・兼業のメリット・デメリット

　企業として、副業・兼業を禁止したいと考えた場合であっても、実は副業・兼業を全面的に禁止することは法的に難しいといわざるを得ません（詳しくはP86参照）。そうであるならば、副業・兼業を取り入れた場合の、立場によるメリット・デメリットを考えてみましょう。メリットがあることが理解できれば、それを最大限に活かす副業・兼業を考えるきっかけになります。

ⅰ　労働者からみた副業・兼業のメリット

　労働者には、副業・兼業した際のメリットとしては、たとえば、以下のようなものを挙げることが出来ます。

・自分の能力を発揮しまたは発展させるために、本業と他の仕事を協業し、同時に収入を得ることができる
・人生100年を見据えた自らのキャリア形成をめざし、スキルを磨き、今までと違う場所で新しい経験をすることができる。将来設計の幅も広がる

　筆者自身、会社員であった際に兼業（パラレルキャリア）として某社会保険労務士資格取得予備校で講師をしていましたが、兼業先で得た知識やスキルを用いて副業・兼業をしていなかった時よりも会社の人事労務担当として、最新の情報を踏まえた全体的な人事制度の見直し等に貢献することが出来たという経験があります。なお、副業・兼業ガイドラインでは、次のようなメリットも挙げています。

・離職せずに別の仕事に就くことが可能となり、スキルや経験を得ることで、労働者が主体的にキャリアを形成することができる
・本業の所得を活かして、自分がやりたいことに挑戦でき、自己

実現を追求することができる

・所得が増加する

・本業を続けつつ、よりリスクの小さい形で将来の起業・転職に向けた 準備・試行ができる

　自社以外の環境で仕事をすることにより、社員がイキイキと働き、自社での従来からの業務のやり方を改善できるようになり、仕事そのものが向上しスムーズになれば、日ごろの業務負担も減ります。何よりも、同時に、正々堂々と他からの収入を得ることができれば、本人にとっては一石二鳥以上の効果が期待できます。ただし、自社への愛着心がないと転職のきっかけにもなり得ますので、注意も必要です。とはいえ、高齢社員の処遇として考えるときは、転職のきっかけとなる可能性は低いといえるでしょう。

ⅱ　会社からみた副業・兼業のメリット

　副業・兼業を会社からの視点としてとらえた場合、副業・兼業によって自社社員は、社内では経験できないような仕事について自社以外で経験を積み、スキルを磨き、外の世界から視点を変えて物事をとらえることにより発想の転換ができるようになります。そしてこのような社員には自社の業務の発展を促すことが期待できます。つまり、これがオープンイノベーションといわれるものです。たとえば、大人用のおむつを製造する会社では、介護施設での副業を推進し、介護をする側の経験から、自社の製品の向上に役立てる等という例もあります。

　副業・兼業を容認する会社は、自社社員が外の空気を吸うことによりイキイキと働いてくれるようになり、自社では経験できないような場面に遭遇する経験を持ち「仕事力」を上げてくれれば、社内で行う研修以上に効果が期待できます。いわゆる掛け持ちの労働になるため、その社員の自社における所定労働時間を減少させるケースでは賃金も

減少させる会社もあり、人件費の低減も図れます。

　なお、副業・兼業ガイドラインでは、次のようなメリットが挙げられています。

・労働者が社内では得られない知識・スキルを獲得することができる
・労働者の自律性・自主性を促すことができる
・優秀な人材の獲得・流出の防止ができ、競争力が向上する
・労働者が社外から新たな知識・情報や人脈を入れることで、事業機会の拡大につながる

ⅲ　副業・兼業のデメリット

　メリットがあればデメリットもあります。社員が副業・兼業をすることにより、過重労働にならないか、本業への労働意欲や勤務に影響しないか、気をつけてはいても何らかの拍子に業務上の秘密が漏洩しないか、自社の利益が害されたり、名誉や信用が侵されたりするリスクが生じないか等といった問題です。当然のことながら、副業・兼業を容認する会社にも労務管理が必要になります。

　これについては、副業・兼業ガイドラインでも、労働者と会社それぞれのデメリット（留意点）として、以下の内容が示されています。

○労働者側の留意点
・就業時間が長くなる可能性があるため、労働者自身による就業時間や 健康の管理も一定程度必要である
・職務専念義務、秘密保持義務、競業避止義務を意識することが必要である
・１週間の所定労働時間が短い業務を複数行う場合には、雇用保

　険等の適用がない場合があることに留意が必要である

○会社側の留意点

・必要な就業時間の把握・管理や健康管理への対応、職務専念義務、
　秘密保持義務、競業避止義務をどう確保するかという懸念への
　対応が必要である

　このような労働者側と会社側のメリット・デメリットを図表にまとめると以下のようになります。

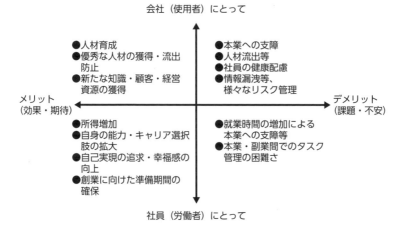

　会社（使用者）にとって

●人材育成
●優秀な人材の獲得・流出
　防止
●新たな知識・顧客・経営
　資源の獲得

●本業への支障
●人材流出等
●社員の健康配慮
●情報漏洩等、
　様々なリスク管理

メリット
（効果・期待）

デメリット
（課題・不安）

●所得増加
●自身の能力・キャリア選択
　肢の拡大
●自己実現の追求・幸福感の
　向上
●創業に向けた準備期間の
　確保

●就業時間の増加による
　本業への支障等
●本業・副業間でのタスク
　管理の困難さ

　社員（労働者）にとって

出典：「兼業・副業を通じた創業・新事業創出に関する調査事業 研究会提言～パラレルキャリア・ジャパンを目指して～」
　　（平成29年3月 中小企業庁経営支援部創業・新事業促進課 経済産業政策局産業人材政策室）
　　https://www.chusho.meti.go.jp/koukai/kenkyukai/hukugyo/2017/170330hukugyoteigen.pdf

③副業・兼業を高年齢者の処遇制度に取り入れるべき理由

　高年齢者雇用の処遇制度を考えるとき、複数の処遇コースの設定は効果があります。なぜならば、今後も高齢化が進み、自社において高齢社員の比重が高くなれば、すべての高齢社員にフルタイムの処遇を用意することが難しくなるからです。そこには2つの大きな理由が考

えられます。

i　人件費の問題

　第1に、人件費の問題です。総人件費に占める高齢社員の人件費の割合が高いと、現役層の人件費を圧迫しかねません。会社の存続には、現役層の社員を雇用し続けることが必須です。そのため、高年齢者には、フルタイムで残ってほしい人とそうでない人の選別をしていくことになるでしょう。一方で、歳を取ると、若い時に比べて、仕事に対する気持ちにも変化が現れてくるものです。実際に、会社はフルタイムで残ってほしいと考える一方で、社員自身はパートタイムや請負契約を選ぶ例も多々あります。

　ここで少し補足しておかねばならないことがあります。それは、フルタイムで働く人の賃金設定が、常に、フルタイム以外で働く人の賃金設定より高いということではないということです。その理由は後述するように、賃金は、役割（会社が高齢社員に期待するもの）の違いで設定すべきだからです。ただし、現在の社会保険制度では、所定労働日数や所定労働時間で加入基準が決められているので、法定福利費（会社負担の社会保険料）の負担については、社会保険の加入基準を満たした人の方が会社負担は多くなります。

ii　高齢社員に用意できる仕事や役割の問題

　第2に、会社が高齢社員に用意する仕事や役割です。自社全体の仕事の中で、高齢社員にしてほしい仕事または担ってほしい役割を抽出すると、今後、全ての高齢社員にフルタイムで用意できる量や役割はないのではないでしょうか。誤解のないように敢えて示せば、「フルタイムで働いてほしい人が、会社にとって、より評価または労働価値が高い人」ということではありません。あとで説明していきますが、ジョブ型雇用が進む中にあって、たとえば、「そのジョブにはその人が必要だ」ということと、「そのジョブに必要とされるタスクの量（労

働時間等）」は次元の違う問題だからです。

　業務量や役割が明確になれば、高齢社員には、フルタイム勤務とパートタイム勤務や隔日勤務等のフルタイムフルデイ以外の複数の処遇制度、複線コースを用意します。そして、フルタイム以外の処遇コースを適用する高齢社員には、副業・兼業の許容範囲を広げ、認め易くするのもよいでしょう。人生100年を考えれば、今までの会社でできるだけ長くフルタイムで働き続けたいという人と、その先の自分の人生を見据えて、他の仕事にもかかわっていきたい、あるいは、仕事以外の他の楽しみを享受したいという人がいても不思議ではありません。

　加えて、同様の立場にある他社の高年齢者の副業・兼業先として、自社が手を挙げることも価値があります。先に述べましたが、（特に中小企業は、一部を除き、視野がやや狭くなる傾向があるため）他社で得た経験やスキルを自社で発揮してもらうことは、今までと異なった価値観に基づくビジネスチャンスが生まれる可能性があります。これこそオープンイノベーションの効果発揮です。さらに、現役層社員に対しても刺激を与えられる効果も期待できます。

ポイント

●テレワーク制度導入が進み、また、働き方の多様性が求められる中、副業・兼業という働き方も注目されている

●企業は、副業・兼業のデメリットだけではなく、オープンイノベーション効果などのメリットにも注目すべきである

●副業・兼業制度の活用で、より多様な高齢社員の処遇制度を作ることができると考えられる

（3）高年齢者活用として副業・兼業を取り入れる実務対応

　副業・兼業制度の導入を進めるには、次のような対応が必要となります。

■副業・兼業の進め方

1. **就業規則等の見直し**
2. **副業・兼業の内容の確認**（労働者からの申告・届出等）
3. **労働時間の通算方法の選択**
   ⅰ　原則的な労働時間管理
   ⅱ　管理モデル

   →許可・受理等
   ⇒副業・兼業の開始
4. **労働時間の把握**（雇用契約の場合）
5. **健康確保措置の実施・定期報告の実施・確認・対応等**

以下では、上記手順に従って、具体的に解説していきます。

①就業規則等の見直し

　○副業・兼業規制の基本的な考え方

　まず、副業・兼業制度を本格的に導入するにあたっては、就業規則の見直しから始めます。とはいえ、就業規則に兼業禁止と規定されている場合であっても、実際に兼業を行ったことのみをもって解雇することはできません。

　「うちの会社は副業・兼業禁止」と公言する経営者がいますが、実際の裁判例では、「労働者が労働時間以外の時間をどのように利用するかは、基本的には労働者の自由である」とされており、裁判例を踏まえれば、「原則、副業・兼業を認める方向で検討することが適当」とされているのです。

【副業・兼業禁止に関する裁判例の見解を踏まえた考え方】

　副業・兼業に関する裁判例においては、就業規則において労働者が副業・兼業を行う際に許可等の手続を求め、これへの違反を懲戒事由としている場合において、形式的に就業規則の規定に抵触したとしても、職場秩序に影響せず、使用者に対する労務提供に支障を生ぜしめない程度・態様のものは、禁止違反に当たらないとし、懲戒処分を認めていない。

　このため、労働者の副業・兼業が形式的に就業規則の規定に抵触する場合であっても、懲戒処分を行うか否かについては、職場秩序に影響が及んだか否か等の実質的な要素を考慮した上で、あくまでも慎重に判断することが考えられる。

　　　　※「副業・兼業の促進に関するガイドライン」より

　もちろん、すべての副業・兼業を条件なしに認めなければならないということではありません。「認めることを原則」として、下記のように、禁止する場合や制限する場合を規定するということです。

【禁止する場合・制限する場合】

① 労務提供上の支障がある場合

② 企業秘密が漏洩する場合

③ 会社の名誉や信用を損なう行為や、信頼関係を破壊する行為がある場合

④ 競業により、会社の利益を害する場合

出典元 「副業・兼業の促進に関するガイドライン　わかりやすい解説」（厚生労働省）

○具体的な就業規則の規程方法

　副業・兼業に関する就業規則の規程方法については、厚生労働省が公表しているモデル就業規則にも記載があり、その内容も次のように変化しています。

・2018年1月

　規則改定、労働者の遵守事項の「許可なく他の会社等の業務に従事しないこと」という規定を削除し、副業・兼業について規定を新設

・2020年9月

「副業・兼業の促進に関するガイドライン」の改定に伴い、副業・兼業についての記述が次のように改訂

■モデル就業規則　　（副業・兼業）

第68条　労働者は、勤務時間外において、他の会社等の業務に従事することができる。

　　2　会社は、労働者からの前項の業務に従事する旨の届出に基づき、当該労働者が当該業務に従事することにより次の各号のいずれかに該当する場合には、これを禁止又は制限することができる。

　　①　労務提供上の支障がある場合

　　②　企業秘密が漏洩する場合

　　③　会社の名誉や信用を損なう行為や、信頼関係を破壊する行為がある場合

　　④　競業により、会社の利益を害する場合

　このように、厚生労働省では届出制を採用した規定例が示されています。ただし、実際にはどうかというと、許可制にしている会社が多

いのも事実です。許可基準として、たとえば、副業・兼業先では個人事業主としての契約のみとする、自社の実働時間と副業・兼業先での実働時間の合計時間の上限を設定する等があります。それは、後で述べる労働時間の通算の問題や労働安全衛生の課題があるからです。以下では、許可制を採用する場合の規定例について示しています。

※この規定例はあくまでも例です。実際には、自社のルールに合わせて、適宜加筆してください。

★　許可制にする際の就業規則の例 DL↓

（副業・兼業）　就業規則の例（許可制）※自社にあわせて修正加筆要
第●条
　　　社員が副業または兼業を行おうとする場合には、副業または兼業の内容について、あらかじめ所定の様式により申請を行い、会社の許可を得なければならない。
2　前項の許可にあたり、次の各号のいずれかに該当する場合には、会社は社員の副業または兼業を許可しないものとする。
　　① 会社の労務提供に支障がある場合、またはそのおそれがあると会社が認める場合
　　② 企業秘密が漏洩する場合、またはそのおそれがあると会社が認める場合
　　③ 会社の名誉や信用を損なう行為や信頼関係を破壊する行為がある場合、またはそのおそれがあると会社が認める場合
　　④ 競業により、会社の利益を害する場合、またはそのおそれがあると会社が認める場合
　　※会社の方針に合わせて修正加筆します。
　　例）・労働基準法第36条第1項（労働時間の通算）が発生しないように
　　　　　→雇用形態でないこと（個人事業主等、労働者としての就労でないこと）
　　　　・雇用契約の副業または兼業の場合には、会社と副業・兼業先の実働時間を通算した時間数が、法定労働時間の範囲内であること

　　　　・長時間労働や深夜労働が想定されないこと
　　　　・競業他社その他競業事業に従事しないこと　　　　　　等
　3　社員は、副業または兼業の内容が変更された場合には、速やかに
　　その旨を会社に報告しなければならない。
　4　会社の許可を受けた場合であっても、第2項に掲げる事由に該当
　　すると会社が認めた場合は、会社はいつでも許可を取り消すことが
　　できるものとする。
　5　副業または兼業を開始した社員は、会社の求めに応じ、定期的に、
　　副業または兼業に関する必要な報告をしなければならない。特段の
　　理由がなく、この報告を怠った場合は、会社は、許可を取り消すこ
　　とができるものする。
　6　社員が、副業または兼業を行うにあたり、所定の誓約書を会社に
　　提出しなければならない。
　7　社員は、副業または兼業を行うにあたり、就業規則、秘密保持規程、
　　個人情報保護規程その他の規程を遵守しなければならない。

　常時10人以上の労働者（パートタイマー・アルバイト等を含む）
を使用する事業場では、就業規則を作成し、所轄労働基準監督署長に
届出をしなければなりません、変更の場合も同様です。規程の策定か
ら届出までのフローと留意事項は次の通りです。

図表　就業規則の策定（変更）手順と留意事項

就業規則の作成
経営者（または、経営者と社労士等の専門家と）が中心となり、社風や業種、規模、実情に合った、法令に則った就業規則を作成。社員参加型が理想

社員への説明と周知
十分な説明と、周知の徹底が必要

意見聴取
労働者の過半数で組織する労働組合がある場合にはその労働組合、ない場合には、労働者の過半数を代表するものの意見を聴く＊過半数代表者の選任方法は挙手・選挙等で行い、事業主が指名してはならない

所轄労働基準監督署へ届出

　就業規則は、いつでも閲覧できるようにしておかなければなりません。

　例　事業場への備付け（見やすい場所への備え付け）／就業規則の
　　　配布／社内ＬＡＮ，イントラネット等

　ちなみに、36協定（時間外労働や休日労働に関する労使協定）は
届出したとき（または有効期間の開始日のいずれか遅い方）から効力
を発しますが、就業規則は全員に周知した時から効力が生じます。ま
た、意見書は賛成意見でなくてもよいのですが、不利益変更の場合は、
原則として、労働者の同意等が必要です。

　就業規則には、絶対的必要記載事項（記載しなければならない事項）
と相対的必要記載事項（ルールがあるときは記載しなければならない
事項）があります。

図表　絶対的必要記載事項と相対的必要記載事項

絶対的 必要記載事項	①始業及び終業の時刻、休憩時間、休日、休暇ならびに労働者を2組以上に分けて交替に就業させる場合においては就業時転換に関する事項 ②賃金（臨時の賃金等を除く）の決定、計算および支払の方法、賃金の締切りおよび支払の時期ならびに昇給に関する事項 ③退職に関する事項（解雇の事由を含む）
相対的 必要記載事項	④退職手当の定めをする場合においては、適用される労働者の範囲、退職手当の決定、計算および支払の方法ならびに退職手当の支払の時期に関する事項 ⑤臨時の賃金等（退職手当を除く）および最低賃金額の定めをする場合においては、これに関する事項 ⑥労働者に食費、作業用品その他の負担をさせる定めをする場合においてはこれに関する事項 ⑦安全および衛生に関する定めをする場合においては、これに関する事項 ⑧職業訓練に関する定めをする場合においては、これに関する事項 ⑨災害補償および業務外の疾病扶助に関する定めをする場合においては、これに関する事項 ⑩表彰および制裁の定めをする場合においては、その種類および程度に関する事項 ⑪①〜⑩に掲げるもののほか、当該事業場の労働者のすべてに適用される定めをする場合においては、これに関する事項

②副業・兼業の内容の確認

　副業・兼業を開始する前に、労働者からの申告等により、副業・兼業の内容を確認します。具体的な確認方法や確認すべき事項については次のとおりです。

■副業・兼業の内容の確認

1．副業・兼業の確認方法

➤ **労働者からの申告等**により、副業・兼業の有無・内容を確認する

就業規則、労働契約等に
①副業・兼業に関する届出制/許可制を定めておく
・すでに雇い入れている労働者が新たに副業・兼業を開始する場合の届出/申請
・新たに労働者を雇い入れる際の労働者からの副業・兼業についての届出/申請に基づき確認する
②兼業に伴う労務管理を適切に行うため、副業・兼業の有無・内容等を確認するための仕組みを設けておく
③定期的報告のルールを設けておく

2．労働者から確認する事項
イ　基本的事項
・副業・兼業先の事業内容
・副業・兼業先で労働者が従事する業務内容
・労働時間通算の対象となるか否かの確認

ロ　労働時間通算の対象となる場合の確認事項
・副業・兼業先との労働契約の締結日、期間
・副業・兼業先での所定労働日、所定労働時間、始業・終業時刻
　※シフト表・カレンダー等でも可
・副業・兼業先での所定外労働の有無、見込み時間数、最大時間数
・副業・兼業先における実労働時間等の報告の手続
・これらの事項について確認を行う頻度
　※36協定の切替日等

3．合意（許可）
合意書、許可申請書、誓約書による労使間での副業・兼業の合意（許可）

出典：「副業・兼業の促進に関するガイドライン　わかりやすい解説」（厚生労働省）一部加筆
https://www.mhlw.go.jp/content/11200000/000695150.pdf

3については、厚生労働省より合意書の様式例が公表されていますが、先に説明の通り、労働時間の通算の問題や労働安全衛生の課題等を考えれば、許可制を採用することも十分考えられます。次頁では、副業・兼業許可申請書・誓約書と副業・兼業許可通知書の例を示しておりますので、参考にしてください。

※この様式はあくまでも例です。なお、当様式は、許可申請書と誓約書を
　別様式にしていますが、統一した様式にすることも一案です。なお、自
　社の副業・兼業ルールに合わせて、修正加筆してください。

★　兼業許可申請書例　`DL↓`

副業・兼業許可申請書

年　　月　　日

●●株式会社
　××××ｘ殿
　例）代表取締役…殿／人事部長……殿　等

社員番号
所属部署
氏名

私は、就業規則第●条に定めに基づき、下記の通り、副業・兼業の許
可を申請します。なお、当該許可申請にあたり、添付の誓約書に記載
された全ての事項を遵守することを誓います。

私が行う副業・兼業の内容は次の通りです。

就労（勤務）形態 ※自社のルールに 　合わせ、「就労」 　「勤務」のいずれ 　かで統一可	□　雇用 　　：雇用主の氏名・商号 　　　※会社名でも可 　　：住所・本店所在地 　　：業　種 　　：電話番号 □　個人事業主 □　その他（具体的に　　　　　　　　　　）
業務内容 （具体的に）	
就労（勤務）場所	

副業・兼業の開始日 及び 就労期間（雇用期間）	年　　月　　日　　開始 年　　月　　日　～　　年　　月　　日 ※許可申請は、1年以内の就労期間に限る（それを超える場合は、再度許可申請をする）等 社内ルールに合わせて追記します	
業務詳細	就労日数 （勤務日数） または 就労日 （勤務日）	□　月（　　　　）日 □　週（　　　　）日 ※最大日数を記載のこと □　毎週●曜日　毎月　×日 　　●日　△日 ※就労日（勤務日）が決まっている場合は曜日または出勤日を記載
	就労時間 （勤務時間）	□　日（　　　　）時間／ 　　月（　　　　）時間 □　　：　　～　　： ※就労時間（勤務時間）が決まっている場合はその時間帯を記載 □　最大　　時間／日 　　最大　　時間／月
	時間外労働 休日労働の有無 ※雇用の場合	□　時間外労働の 　　有無：　あり　　なし 　　最大　　時間 □　休日労働の 　　有無　：　あり　　なし 　　最大　　日　時間
	社会保険 ※雇用の場合	□　社会保険への加入の 　　有無：　あり　なし
	特記事項	※会社に伝えておきたいこと等 ※管理モデル適用の有無等
副業・兼業の理由		

※　自社ルールにあった内容にします（適宜、修正・加筆・削除要）。
　　たとえば、週の労働時間に上限をつける／非雇用型の場合には、
　　その就労時間と貴社の実働時間との合計時間に上限をつける等自
　　社にあった内容を追記する場合もあります。
※　管理モデル（P106参照）を適用する場合は、
　　①副業・兼業先における就労が「管理モデル」で行われること
　　②副業・兼業先における1か月の労働時間は●時間以内とし、こ
　　　れを遵守すること
　　③副業・兼業先における労働（所定労働時間及び所定外労働時間）
　　　については、すべて割増賃金の支払い対象とすること
　　等も追記します。

★ **誓約書例** 🔲DL↓

誓　約　書

年　　月　　日

●●株式会社

××××殿

例）代表取締役…殿 / 人事部長……殿 等

社員番号 / 所属部署 / 氏名
※業務内容や勤続年数、住所等自
社ルールに合わせて必要に応じ
記載

　私は、就業規則第●条の定めに基づき副業・兼業の許可を申請するに当たり、下記の全ての事項を遵守することを誓います。

　※自社ルールに合わせて加筆修正削除要
　※誓約事項に☑を入れること

例）

☐　副業・兼業許可申請書に記載した副業・兼業の内容の範囲を超え、または、記載内容と異なる副業・兼業は行いません。

☐　貴社における就業時間中には、副業・兼業は行いません。

☐　貴社の保有・管理する施設や機器等を用いた副業・兼業は行いません。

☐　貴社の業務遂行を優先し、貴社に対する労務提供上支障のある（またはそのおそれがある）副業・兼業は行いません。

☐　過重労働・過重負荷とならないように、自己の責任の下、心身の健康管理をいたします。

☐　副業・兼業に関する就業規則その他の規程、個人情報保護規程、秘密保持に関する規程、及びその他社内ルールを遵守します。

☐　貴社に属する企業機密、業務上の秘密、個人情報は漏洩しません。

☐　貴社の名誉・信頼・信用及び利益を害する（またはそのおそれがある）副業・兼業は行いません。

☐　貴社と競業する（またはそのおそれがある）副業・兼業は行いません。

☐　毎月○日までに、貴社所定の方法により、副業・兼業先における

前月の就労日（勤務日）及び就労時間（勤務時間）等を報告します。
また、貴社の求めがあった場合は、いつでも、速やかに報告します。

☐　貴社が、副業・兼業先に対して疑義や確認すべき事項が生じたときは、副業・兼業先に問い合わせすることに同意し、協力します。

☐　副業・兼業許可の更新を求める場合は、許可期間満了○日前までに、貴社の所定の方法により申請します。

☐　副業・兼業許可申請書の内容に変更が生じたときは、速やかに貴社に報告し、再申請を行います。

☐　貴社が次の理由により、副業・兼業を取消し、許可に制限を加え、または一定期間副業・兼業の停止を命じた場合は、これに従います。
　①私が誓約事項に違反した（または違反するおそれがある）と貴社が判断したとき
　②副業・兼業をすることにより、私の健康に問題が生じる（可能性がある）とき、または、貴社の業務遂行に影響があると貴社が判断したとき
　③その他、副業・兼業の取消、許可制限、一時停止が相当と貴社が判断したとき
　・・・・・・・・・・

★　誓約事項を、ガイドラインで公表されている裁判例から、副業・兼業を制限可能な4つの例に限定するならば、
　　☐　労務提供上の支障がある場合
　　☐　業務上の秘密が漏洩する場合
　　☐　競業により自社の利益が害される場合
　　☐　自社の名誉や信用を損なう行為や信頼関係を破壊する行為がある場合
となります。

★　副業・兼業許可通知書例 **DL↓**

副業・兼業許可通知書

年　　月　　日

殿

○○株式会社
職名
氏名

　就業規則第○条の定めに基づき、貴殿より申請された副業・兼業許可申請書について検討した結果、ここに副業・兼業を許可することとなりましたので通知いたします。
　なお、副業・兼業により業務に支障をきたす等の不都合が生じた場合には、副業・兼業の許可を取り消す場合があります。また、今回申請された内容に変更があった場合には再度申請が必要となります。

以上

---

③労働時間通算方法の選択

　内容確認が終了した後、労働時間の通算方法について検討します。労働時間管理の方法には、原則的な方法と、「副業・兼業の促進に関するガイドライン2020年9月版」で新たに示された管理モデルの2通りがあります。どちらの方法にするかは、副業・兼業を行う労働者ごとに、自社で取り入れやすい方法を採用します。

○労働時間に関する基本的な考え方

　2つの労働時間管理を説明する前に、そもそも労働時間の基本的な

ルールを述べます。

ⅰ　労働時間となるかならないか

　労働基準法第38条第1項では「労働時間は、事業場を異にする場合においても、労働時間に関する規定の適用については通算する。」と規定されており、「事業場を異にする場合とは事業主を異にする場合をも含む」(労働基準局長通達(昭和23年5月14日付基発第769号))とされています。労働時間の通算と呼ばれるルールです。ただし、次のいずれかに該当する場合は、その時間は通算されません。

> ・労働基準法が適用されない場合（労働者とならない場合）
> 　（例　フリーランス、独立、起業、共同経営、アドバイザー、コンサルタント、顧問、理事、監事等）
> ・労働基準法は適用されるが労働時間規制が適用されない場合(農業・畜産業・養蚕業・水産業、管理監督者・機密事務取扱者、監視・断続的労働者、高度プロフェッショナル制度)

　上記の場合であっても、過労等により業務に支障を来さないようにする観点から、労働者からの申告等により就業時間を把握すること等により、就業時間が長時間にならないよう配慮することが望ましいとされています。

　したがって、自社の社員が個人事業主として他社と業務委託を締結する形で副業・兼業を行う場合には、そもそも他社にとって、その社員は労働者ではないので、労働時間の通算の問題は生じないことになります。

ⅱ　原則的な労働時間管理における労働時間の通算ルール

　原則的な労働時間管理では、労働時間は次のルールで通算されます。

イ 「所定労働時間」⇒「労働契約締結の先後の順」で通算する
ロ 「所定外労働時間」⇒「所定外労働が行われる順」で通算する

　なお、労働基準法で定められた労働時間（1日8時間、週40時間。これを法定労働時間という）を超えた場合は割増賃金を支払うことになります。また、事業所によっては、所定労働時間を超えた労働についても割増賃金を支払うこととしている場合がありますが、その場合には、所定労働時間を超えた労働についても、規定通りの割増賃金を支払うこととなります。次頁から具体的な通算の仕方について例を挙げて説明していきます。

■労働時間の通算のしかた（原則的な労働時間管理）
　労働時間は、次のルールで通算される
イ　「所定労働時間」⇒「労働契約締結の先後の順」で通算する
ロ　「所定外労働時間」⇒「所定外労働が行われる順」に通算する

※　**例1から例4は、会社Aが、時間的に会社Bより先に労働契約を
たケースで説明**

例1）　同一日に
　　　　会社Aの所定労働時間　8時間／　会社Bの所定労働時間2時間の場合

会社A　8時間	会社B　2時間

★法定労働時間（1日8時間）を超えた労働
＝時間外労働
⇒割増賃金を支払う義務あり

※時間の経過の後先ではないことに注意！
たとえば、午前8時から会社B⇒午前11時から会社Aでも、同じ扱いとなる

例2）　会社Aの所定労働時間　8時間　かつ　月曜日から金曜日まで週5日勤務
　　　　会社Bの所定労働時間　2時間　土曜日勤務
　　　　※上記以外に労働がなかった場合

月　| 会社A　8時間 |

火　| 会社A　8時間 |

水　| 会社A　8時間 |

木　| 会社A　8時間 |

金　| 会社A　8時間 |

土　| 会社B　2時間 |

法定労働時間（週40時間）を超えた労働⇒
時間外労働⇒割増賃金を支払う義務あり

例3）同一日に
会社Aの所定労働時間　4時間
会社Bの所定労働時間　4時間
の契約だったが、実際には会社Aで5時間労働させた場合

雇用契約上　　　　会社A　4時間　　　　　　会社B　4時間

▼

実際の労働　　　　会社A　4時間＋1時間　　　会社B　4時間

契約の先後順の後、所定外労働の時間経過順に労働時間
をカウントしていくと、会社Aの所定労働4時間＋会社B
の所定労働4時間＋会社Aの所定外労働1時間>8時間
⇒法定労働時間（1日8時間）を超える
⇒割増賃金を支払う義務あり

例4）同一日に
会社Aの所定労働時間　4時間
会社Bの所定労働時間　3時間
の契約だったが、実際には会社Aで5時間労働させ、会社Bで4時間労働
させた場合

雇用契約上　　　　会社A　4時間　　　　　　会社B　3時間

▼

実際の労働　　　　会社A　4時間＋1時間　　　会社B　3時間＋1時間

★契約の先後順の後、所定外労働の時間経過
順に労働時間をカウントしていくと、会社Aの
所定労働4時間＋会社Bの所定労働3時間＋
会社Aの所定外労働1時間＝8時間
⇒法定労働時間（1日8時間）以内
⇒割増賃金の支払い義務なし

★契約の先後順の後、所定外労働の時間
経過順に労働時間をカウントしていくと、
会社Aの所定労働4時間＋会社Bの所定
労働3時間＋会社Aの所定外労働1時間
＋会社Bの所定外労働1時間>8時間
⇒法定労働時間（1日8時間）を超える
⇒割増賃金を支払う義務あり

○労働時間の通算と36協定の関係

　会社が社員に時間外労働（および休日労働）をさせるためには、労働基準法第36条に定める労使協定（36協定（サブロク協定））を締結し、所轄労働基準監督署長に届出しなければなりません。この36協定では、「1日・1月・1年の時間外労働時間」、「休日労働させることができる日数・始業終業時刻」や「時間外労働および休日労働が1か月100時間未満、2〜6か月平均80時間以内の要件を満たすこと」、「限度時間を超えて労働させることができる場合」、「有効期間」等の事項を定めています。

　副業・兼業の場合、この36協定に適用する労働時間数と、副業・兼業の場合の労働時間の通算との関係については、以下のように、通算されない場合と通算される場合があります。

図表　36協定と労働時間の通算

イ　労働時間が通算されない場合

・36協定により延長できる時間の限度時間
・36協定に特別条項を設ける場合の1年についての延長時間の上限

36協定において定める延長時間は「事業場ごと」に定められている

∴各事業場における時間外労働が36協定に定めた延長時間の範囲内であるか否かについては、**自社と他社の労働時間とは通算しない**
　※休憩、休日、年次有給休暇については労働時間に関する規定ではないためそれぞれの事業場の労働時間は通算されない

☐　労働時間が通算される場合

36協定のうち、時間外労働＋休日労働　＜100時間未満／月
　　　　　　　〃　　　　　　　　　　　複数月平均≦80時間　　の要件

▼

「**労働者個人**」の実労働時間に着目した規制

▼

∴**自社と他社の労働時間は通算される**

★参考
このルール（36協定のうち、時間外労働＋休日労働　＜100時間未満／月、かつ、複数月平均≦80時間のルール）は、「**脳血栓疾患及び虚血性心疾患等（負傷に起因するものを除く）の認定基準について**」（平成13年12月12日基発1063号）の長時間労働に起因した労災認定基準からきたもの
→労働者個人ベースで捉えるもの
→事業場別ではない
→∴通算

※時間外労働の上限規制が適用除外や適用猶予される業務・事業（建設の事業・自動車運転の業務等）についても、法定労働時間についてはその適用において自社の事業場における労働時間および他の使用者の事業場における労働時間は通算されます。

ⅲ「管理モデル」

　副業・兼業の日数が多い場合や、自社および他社の双方において所定外労働がある場合等は、労働時間の申告や労働時間の通算管理等、会社と社員双方の負担が大きくなることが考えられます。そこで登場したのが「管理モデル」です。管理モデルは、「副業・兼業の促進に関するガイドライン2020年9月版」で示された簡便な労働時間管理の方法で、労使双方の手続きの簡素化をしつつ、労働基準法の最低労働条件の遵守ができやすくなるとされています。

　自社の社員が、副業・兼業先で管理モデルを適用する場合は、自社が副業・兼業を行おうとする社員に対して、管理モデルにより副業・兼業を行うことを求め、労働者および労働者を通じて副業・兼業先が

これに応じることにより導入されます。

図表　管理モデル

イ）副業・兼業の開始前にすべきこと～労働時間の上限設定～
　　あらかじめ下記の範囲内で、ＡＢ各社の労働時間の上限を設定
　　※Ａ社は、Ｂ社より時間的に先に労働契約を締結していた使用者とする

Ａ社における 「**法定外労働時間**」数	**＋**	Ｂ社における 「**労働時間**」数 （**所定労働時間 ＋ 所定外労働時間**）

「月 100 時間未満、複数月平均 80 時間以内」となる範囲内において、
ＡＢ各々の使用者の事業場における労働時間の上限をそれぞれ設定する

事業場（会社）によって月の労働時間の起算日が異なる場合は、
それぞれの事業場の起算日を基に計算すればよい

ロ）割増賃金の支払い
　　ＡＢそれぞれの使用者はイ）の労働時間の範囲内で労働させる
　　※Ａ社は、Ｂ社より時間的に先に労働契約を締結していた使用者とする

就労（勤務）形	割増賃金を支払う労働時間	割増率
Ａ社 （使用者A）	**法定外労働時間** ※所定外労働時間も割増賃金を支払う規定があれば、その部分も支払う	自社の規定に基づく割増率（2割5分以上の率） ※Ａ社（使用者Ａ）における法定外労働時間の上限にＢ社（使用者Ｂ）における労働時間を通算して、自社（自らの事業場）の労働時間制度における法定労働時間を超える部分が1か月60時間を超えた場合には、その超えた時間の労働のうち自らの事業場において労働させた時間については、5割以上の率（中小企業は2023年度から）
Ｂ社 （使用者B）	**労働時間** （＝所定労働時間＋所定外労働時間）	

図表　管理モデルのイメージ

あくまでも法律上の上限⇒長時間労働とならないようにすることが望ましい

※Ａ社は、Ｂ社より時間的に先に労働契約を締結していた使用者とする

イ）Ａ社に所定外労働がある場合

●単月100時間未満、かつ、複数月平均80時間以内の範囲内で設定
（※労働時間は通算される）

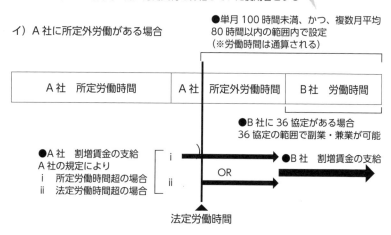

※Ａ社は、Ｂ社より時間的に先に労働契約を締結していた使用者とする

ロ）Ａ社に所定労働外労働がない場合

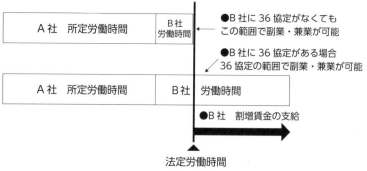

※Ａ社が法定労働時間の範囲内で所定外労働の上限を設定する場合→ロと同様に対応

出典：「副業・兼業の促進に関するガイドライン　わかりやすい解説」（厚生労働省）を一部改訂
https://www.mhlw.go.jp/content/11200000/000695150.pdf

　管理モデルでは、上記の通り、使用者Ａ（Ａ社）と使用者Ｂ（Ｂ社）であらかじめ労働時間の上限設定をしておくため労働時間管理が簡便になる一方、繁忙の予測が難しい業務の場合や急な残業に労働者が柔軟に対応しにくくなるデメリットもあります。さらに、図表「管理モデル」のロにあるように、副業・兼業先（後に雇用契約を締結した事業主）は、その労働時間も含めて割増賃金を支払うことになります。

④副業・兼業先を含む労働時間の把握

ⅰ　副業・兼業先での労働時間の把握はどうやってするのか

　社員が、副業・兼業をしている場合、副業・兼業先の労働時間を把握しなければなりません。なぜならば、前掲のとおり、その社員の労働時間を計算するとき、副業・兼業先の労働時間と通算するというルールがあるからです。

　それでは、会社は、副業・兼業先の労働時間をどのように把握するのでしょうか。副業・兼業ガイドライン（2020年9月）によれば、「他の使用者の事業場における実労働時間は、労働者からの申告等により把握する」とされ、労働者を通じての確認とされています。

　なお、労働者からの申告等がなかった場合の扱いについては、「労働者からの申告等がなかった場合には労働時間の通算は要せず、また、労働者からの申告等により把握した他の使用者の事業場における労働時間が事実と異なっていた場合でも労働者からの申告等により把握した労働時間によって通算していれば足りること」（「副業・兼業の場合における労働時間管理に係る労働基準法第38条第1項の解釈等について」令和2年9月1日基発0901第3号）とされています。つまり、労働者からの申告等に基づき把握すればよいということになります。

ii　副業・兼業先での労働時間の把握の頻度はどのくらい必要か

　副業・兼業先の実働時間の把握が必要ですが、毎日把握する必要があるのでしょうか。ここも副業・兼業ガイドラインにおいて、「<u>把握の方法としては、必ずしも日々把握する必要はなく</u>」、「<u>労働基準法を遵守するために必要な頻度で把握すれば足りる</u>」とされています。

★　他社（他の使用者の事業場）での労働時間の把握

> **所定労働時間の把握**
>   →副業・兼業の確認の際に把握
>
> **所定外労働時間の把握**
>   →労働者からの申告等により把握
>   【把握の方法】（必ずしも日々把握する必要はない。労基法遵守に必要な頻度でOK）
>   例）時間外労働の上限規制の遵守等に支障がない限り
>   ・一定の日数分をまとめて申告等させる
>   　例　一週間分を週末に申告する等
>   ・所定労働時間通り労働した場合には申告等は求めず、実労働時間が所定労働時間通りでなかった場合のみ申告等させる
>   　例　所定外労働があった場合等
>   ・時間外労働の上限規制の水準に近づいてきた場合に申告等させる　　　　　　　　　　　　　　　　　　　　　　　　　等

※ただし、労働者からの申告等でよいといっても、実際には、過労は脳出血や心筋梗塞等の要因となり、企業リスクは避けられません。　したがって、自社の社員の副業・兼業を認める場合は、副業・兼業先の就労情報の確認、働き方の確認、労働時間等の定期的な報告を義務付けることが重要です。

　このようにみていくと、A社とB社の労働時間を通算しても法定の時間外労働時間数を超えない（突発的な時間外労働の発生もない）の

であれば、管理モデルは有効だといえます。ただし、文中のB社はそもそも所定労働時間についても原則として割増賃金を支払わねばなりません。

　さらに、A社でもB社でもパート勤務であって、労働時間を通算しても法定労働時間以内であり、時間外労働は発生しない（または、ほぼ発生しない）のであれば、そもそも管理モデルを使うメリットはありません。

⑤健康確保措置等

　副業・兼業を行う社員に対しても勿論、健康確保措置（健康診断／長時間労働者に対する面接指導／ストレスチェックやこれらの結果に基づく事後措置等）を実施します。さらに以下のことに留意します。

・原則的な労働時間管理の場合⇒時間外労働の上限規制の遵守
・管理モデルの場合⇒自社の労働時間の上限を超えて労働させない

　健康確保措置（健康診断・長時間労働者への面接指導・ストレスチェック等）の実施対象者の選定に当たっては、副業・兼業先における労働時間と通算することとはされていませんので、自社の労働時間のみで実施対象者を選出できます。ただし、使用者の指示により副業・兼業を開始した使用者の場合は、原則として、副業・兼業先の使用者との情報交換により、それが難しい場合は、労働者からの申告により把握し、自らの事業場における労働時間と通算した労働時間に基づき、健康確保措置を実施することが適当とされています。

　なお、健康診断等の健康確保措置の実施については、原則として、複数社間での労働時間の通算は免れるとしても、使用者が自社の労働者に対し副業・兼業を認めるのですから、そこには自ずから使用者と

111

しての責任が生じます。その点について、「副業・兼業の促進に関するガイドライン」では次のように述べています。

　「使用者が労働者の副業・兼業を認めている場合は、<u>健康保持のため自己管理を行うよう指示し、心身の不調があれば都度相談を受けることを伝えること</u>、副業・兼業の状況も踏まえ<u>必要に応じ法律を超える健康確保措置を実施すること</u>等、労使の話し合い等を通じ、副業・兼業を行う者の健康確保に資する措置を実施することが適当である。」
さらに、

　「また、副業・兼業を行う者の長時間労働や不規則な労働による健康障害を防止する観点から、<u>働き過ぎにならないよう、例えば、自社での労務と副業・兼業先での労務との兼ね合いの中で、時間外・休日労働の免除や抑制等を行う</u>等、それぞれの事業場において適切な措置を講じることができるよう、労使で話し合うことが適当である。」

★　「管理モデル」　その他の留意事項

●**管理モデル導入後の、労働時間の上限の変更**
管理モデル導入後に、使用者Aにおいて導入時に設定した労働時間の上限を変更する必要が生じた場合
→あらかじめ労働者を通じて使用者Bに通知し、必要に応じて使用者Bにおいて設定した労働時間の上限を変更すれば、使用者Aの労働時間の上限を変更可能

　∴あらかじめ、変更があり得る旨を留保しておく

●**労働者が事業主を異にする3以上の事業場で副業・兼業をする場合**
→使用者Aの事業場における法定外労働時間、使用者Bの事業場における労働時間、更に時間的に後から労働契約を締結した使用者C等の事業場における労働時間について、各々の使用者の事業場における労働時間の上限をそれぞれ設定し、各々の使用者がそれぞれその

範囲内で労働させ、使用者Aは自らの事業場における法定外労働時間の労働について、使用者Bおよび使用者C等は自らの事業場における労働時間の労働について、それぞれ割増賃金を支払うことにより、管理モデルの導入が可能

●時間外労働の上限を超える等、労基法違反があった場合の責任の所在
管理モデルを導入した使用者が、あらかじめ設定した労働時間の範囲を逸脱して労働させたことによって、時間外労働の上限規制を超える等の労働基準法に抵触した状態が発生した場合

⇒当該逸脱して労働させた使用者が、労働時間通算に関する法違反を問われ得る

⑥副業・兼業に関する労務管理の重要性と労災保険に関する実務対応
ⅰ　副業・兼業の際の労働時間管理に関する対応

　会社が社員の副業・兼業を認める場合に、最も懸念するのは、過重労働や精神的・肉体的負荷（ストレス）です。もちろん、情報漏洩等の懸念材料もありますが、それには、誓約書を提出してもらい、定期的な研修を行うことで最大限の回避策を講じるしかありません。

　一方で、過重労働や精神的・肉体的な過大な負荷は、労働者の心身の健康を害することになり、自社での労働にも影響を及ぼし、さらには、労災事故につながるリスクもあります。また副業・兼業時の労働時間は該当する複数社で通算するとのルールがあり、時間外労働の割増賃金の支払い義務が発生する場合もあります。このように、副業・兼業の場合には、労働時間に関する問題が最も大きな課題となります。

　また、第2章「副業・兼業の推進に関する法改正(3)〜複数業務要因災害に関する新たな保険給付の創設〜」で述べた通り、労災保険法の改正により、複数事業労働者については、1つの事業場のみで労災認定されない場合に、複数の事業場の業務上の負荷（ストレス）を総合

的に判断して評価し、「複数業務要因災害」として労災認定を行うことになりますので、副業・兼業を容認する使用者および副業・兼業先の使用者は、自社の働き方なら大丈夫だからと安心せず、副業・兼業する労働者の常日頃の勤務状況、心身の健康確保等に注意を払う等、より一層厳格な労務管理が必要となります。これはいうなれば、使用者としての安全配慮義務の問題です。

ⅱ　フリーランスの場合の労働時間管理に関する対応

　自社の社員と副業・兼業先との契約が「雇用契約」の場合は、労働者とされ、労働時間や労災等の問題が生じてしまいます。そこで、実際には、自社の社員に他社での副業・兼業を認める際は、他社とは雇用契約ではなく、「業務請負契約」（個人事業主。いわゆるフリーランス）を条件に認める会社も多くあります。なお、自社または副業・兼業先において、労働基準法第41条の管理監督者に該当する場合等、その事業所においては、労働時間の問題を除外される人もいます（P101 ⅰ参照）。

　個人事業主は労働者ではないので、そもそも労働時間という概念がなく、労働基準法は適用されず、その他の労働関連法も適用されません。ただし、副業・兼業先の働き方が、そもそもフリーランス等であって労働者でなくても、副業・兼業を許可する以上、働き過ぎになっていないか、心身ともに健康を害していないか等、常に注意を払うべきです。自社の社員の心身の健康や安全衛生を守るのが事業主の責任であることには変わりなく、どのような形態であっても、副業・兼業を認める際には一定の健康確保措置が必要です。とくに、フリーランス等の場合は、本人の裁量で働く時間が決まってしまうことや、成果物の完成度をより上げようとして時間を度外視してのめりこんでしまうリスクが多いものです。たとえ、副業がフリーランス等であって労働者としての扱いでなかったとしても、安全配慮義務の観点から、その

社員の就労状況や普段の様子から体調不良を把握したときは、副業の就労状況について確認し、遅刻や欠勤、急な休みが増えたり、同じ仕事を担当しているのに残業が多くなったり、言動に覇気がなくなっているようにみえたりしたときには、状況を確認し、話し合い、副業・兼業を禁止または制限することを検討すべきです。なお、フリーランスが急増する中で、フリーランスを守るための法も検討され、今後、逐次整備されていく予定です。

2　結果的に勤務日数が少なかった労働者への扱いの見直し

　今回の改正により、結果的に勤務日数が少ない労働者でも、失業等給付や雇用継続給付（高年齢雇用継続給付および介護休業給付）、さらに育児休業給付も受け易くなりました。

　実務面では、離職票を作成するときの離職証明書、高年齢雇用継続給付の申請に必要な60歳到達時等賃金証明書、育児休業給付や介護休業給付の申請に必要な休業開始時賃金証明書を作成する際の、月当たりの賃金支払基礎日数が11日に満たない場合の記載方法が見直されています。

★ 雇用保険被保険者離職証明書の記載例

⑧ 被保険者期間算定対象期間		⑨	⑩	⑪	⑫ 賃 金 額			⑬
Ⓐ 一般被保険者等	Ⓑ短期雇用特例被保険者	⑨の期間における賃金支払基礎日数	賃金支払対象期間	⑪の基礎日数	Ⓐ	Ⓑ	計	備 考
離職日の翌日 12月1日								
11月 1日〜 離 職 日	離職月	30日	11月 1日〜 離 職 日	30日	300,000			
10月 1日〜 10月31日	月	31日	10月 1日〜 10月31日	31日	300,000			
9月 1日〜 9月30日	月	30日	9月 1日〜 9月30日	30日	300,000			
8月 1日〜 8月31日	月	31日	8月 1日〜 8月31日	31日	300,000			
7月 1日〜 7月31日	月	31日	7月 1日〜 7月31日	31日	300,000			
6月 1日〜 6月30日	月	10日	6月 1日〜 6月30日	10日	100,000			欠勤20日のため200,000円減額 ⑨欄の労働時間数85時間 ⑩欄の労働時間数85時間
5月 1日〜 5月31日	月	31日	5月 1日〜 5月31日	31日	300,000			
4月 1日〜 4月30日	月	30日	月 日〜 月 日					
3月 1日〜 3月31日	月	31日	月 日〜 月 日					
2月 1日〜 2月29日	月	29日	月 日〜 月 日					
1月 1日〜 1月31日	月	31日	月 日〜 月 日					
12月 1日〜 12月31日	月	31日	月 日〜 月 日					
11月 1日〜 11月30日	月	30日	月 日〜 月 日					
⑫								

※被保険者期間の算定に係る補足

　賃金支払基礎日数が11日以上ある月を優先します。

　たとえば、離職日以前の1年間に賃金支払の基礎となる日数が11日以上ある月が11か月と、10日以下だが賃金支払の基礎となる労働時間数が80時間以上ある月が1か月ある場合でも、13か月目に賃金支払の基礎となる日数が11日以上の月がある場合は、13か月目を被保険者期間1か月として計算します。

　そのため、⑧欄⑨欄は12か月分ではなく、13か月分必要となります。

　なお、賃金支払の基礎となる労働時間数には、所定労働時間ではなく時間外労働も含めた総労働時間を記載してください。

※賃金支払対象期間に係る補足

　上記と同様賃金支払基礎日数が11日以上ある月を優先します。

出典：「育児休業給付・介護休業給付の受給資格を得るために必要な『被保険者期間』の算定方法が変わります」（厚生労働省、大阪労働局）

http://jsite.mhlw.go.jp/osaka-hellowork/content/contents/000675318.pdf

116

★　雇用保険被保険者六十歳到達時等賃金証明書の記載例

60歳に達した日等以前の賃金支払状況等

⑧ 60歳に達した日等に離職したとみなした場合の被保険者期間算定対象期間 60歳に達した日等の翌日 12月1日	⑨ ⑧の期間における賃金支払基礎日数	⑩ 賃金支払対象期間	⑪ ⑩の基礎日数	⑫ 賃金額 Ⓐ	Ⓑ	計	⑬ 備考
11月1日~ 60歳に達した日等	30日	11月1日~ 60歳に達した日等	30日	300,000			
10月1日~10月31日	31日	10月1日~10月31日	31日	300,000			
9月1日~9月30日	30日	9月1日~9月30日	30日	300,000			
8月1日~8月31日	31日	8月1日~8月31日	31日	300,000			
7月1日~7月31日	31日	7月1日~7月31日	31日	300,000			
6月1日~6月30日	10日	6月1日~6月30日	10日	100,000			欠勤20日のため 200,000円減額 引続き労働時間85時間
月日~月日		5月1日~5月31日	31日	300,000			
月日~月日		月日~月日	日				

　60歳到達日が令和2年8月1日以降の方に関する「雇用保険被保険者六十歳到達時等賃金証明書」を作成する際は、「⑪欄」に記載する賃金支払基礎日数が10日以下の期間については、当該期間における賃金支払の基礎となった労働時間数を「⑬欄」に記載してください。

出典：「育児休業給付・介護休業給付の受給資格を得るために必要な『被保険者期間』の算定方法が変わります」（厚生労働省、大阪労働局）
http://jsite.mhlw.go.jp/osaka-hellowork/content/contents/000675318.pdf

また、正当な理由のない自己都合退職で失業等給付を受給する場合には、給付制限期間が３か月から２か月に短縮されています（５年間のうち２回まで。詳細は第２章参照）。こちらは、高齢社員に限ったものではなく、結果として勤務日数が少なくなった労働者へのメリットといえるでしょう。

3　短時間労働者の社会保険への加入基準の拡大への対応

　厚生年金（および健康保険）への強制加入の範囲が段階的に拡大されます。詳細は第２章P61をご覧ください。

　そこで、500人以下の中小企業であって短時間労働者を雇用する場合に、現在は厚生年金（健康保険）に加入させなくてもよい労働者であっても、段階的に加入させなくてはならなくなる場合がありますので、注意が必要です。

　加入手続き等の実務負担も勿論ですが、会社は社会保険料を原則折半負担しなければならず、法定福利費が増えていくことになります。

ポイント

● 短時間労働者に対する法整備が進んでいる

● 高年齢者雇用で複線コースを検討する場合に、現在は、社会保険（厚生年金や健康保険）に加入しない対象であっても、法改正により。今後は段階的に強制加入の対象となることもあり、コース設定には将来的な法定福利費（社会保険料等の会社負担分）も考慮しておかねばならない

Ⅱ　60歳から65歳までの雇用への影響

1　在職老齢年金・高年齢継続給付の改正に関する法対応

（1）在職老齢年金の支給停止基準額の引上げによる支給停止の減少

　在職老齢年金については、第2章で紹介の通り、改正後は賃金（正式には総報酬月額相当額）と老齢厚生年金の年金月額（正式には基本月額（配偶者や子の加給年金を除いた、基本年金額の12分の1相当額））の合計が、支給停止基準額の47万円を超えると、超えた分の半分が支給停止（カット）されることになります（詳細はP41参照）。

　この改正により、年金の一部または全部が支給停止される人は、約37万人から約11万人に減ると試算されています（厚生労働省）。なお、この改正は、2022年4月1日以降に60歳台前半の老齢厚生年金を受給する人が対象です（具体的には1957年4月2日から1961年4月1日生まれの男性および1957年4月2日から1966年4月1日生まれの女性）。

　ところで、年金における老齢は65歳とされています。しかしながら、旧法（1986年3月までの年金法）での老齢は、男性は60歳、女性は55歳で、その年齢から老齢の年金を支給していました。法改正により、男女とも老齢を65歳とし、老齢厚生年金の支給開始年齢を65歳に引上げたために、経過措置ができています。現在はその経過措置の中途であって、生年月日により、60歳台前半の老齢厚生年金が支給される人が存在します（次頁図参照）。その経過措置が終了すると、男性は2025年度から、女性は2030年度から、65歳支給開始となります。今回の改正法は2022年4月施行ですので、女性の方が男性より、支

給停止基準額の引上げという改正の恩恵を受け易いことになります。

　したがって、定年前後社員への説明会等で、在職老齢年金の説明をする際には、当分の間、男性と女性の年金の支給開始年齢が違い、扱いが異なることを説明する必要があります。

　ただし、賃金設定の際に、年金の支給の有無を考慮することは避けるべきです。賃金はあくまでも労働の対価です。女性だからという理由で賃金の多寡をつけることは労働基準法第4条の男女同一賃金の規定に反することにもなります。

図表　老齢厚生年金の受給開始年齢（一部抜粋）

★老齢厚生年金の支給開始年齢

生年月日				
男性	女性			
1949.4.2〜 1953.4.1	1954.4.2〜 1958.4.1	60歳	報酬比例部分	老齢厚生年金 / 老齢基礎年金
1953.4.2〜 1955.4.1	1958.4.2〜 1960.4.1	61歳		
1955.4.2〜 1957.4.1	1960.4.2〜 1962.4.1	62歳		
1957.4.2〜 1959.4.1	1962.4.2〜 1954.4.1	63歳		
1959.4.2〜 1961.4.1	1964.4.2〜 1966.4.1	64歳		
1961.4.2 以後	1966.4.2 以後	65歳 65歳		

※実際には、65歳から、経過的加算（いわゆる定額部分と老齢基礎年金との差額分）が支給されます

老齢の年金の支給開始年齢が65歳になるのは、

　　　男性　1961年4月2日以後生まれ→2025年度

　　　女性　1966年4月2日以後生まれ→2030年度

（2）高年齢雇用継続給付の支給率引下げと在職老齢年金とのさらなる調整率見直しによる賃金設定根拠の変化

①高年齢雇用継続給付支給率の引き下げの概要

　雇用保険に加入する一定要件を満たした高齢社員であって、60歳から65歳到達月の賃金が、原則として60到達時賃金に比べて75％未満になった場合には、雇用保険から高年齢雇用継続給付が支給されますが、この高年齢雇用継続給付は、雇用保険法等の一部改正により、2025年度から、給付率が最大15％から10％に引き下げられます（詳細は第2章参照）。高年齢雇用継続給付とは、そもそも将来的には廃止を視野に入れた給付ですが、今回の改正では、2025年からいったん支給率を下げるという見直しで落ち着きました。とはいえ、将来的には廃止が視野に入ったままの状態です。

②高齢社員の処遇（賃金）決定に関する判断基準への影響

　日本の会社の多くは、定年年齢を60歳とし、その後は処遇をリセットした新たな有期雇用契約を締結し、65歳までの継続雇用制度を採用しています。処遇とは、一般的には、労働を取り巻くすべての条件をいいますが、ここでは特に賃金を指すものとします。

　賃金とは、本来、労働の対価であるべきなのですが、定年後再雇用の賃金設定に至っては、横並びに近い設定をしている会社も多々ありますし、「年金が支給されるようになったら、賃金を下げてよいだろう」という経営者も実際にいます。これについて、定年年齢到達後の賃金決定では、高年齢雇用継続給付を考慮する会社も12.7％あるという集計もあります（労働政策研究・研修機構が実施した「高年齢者の雇用に関する調査」による）。

図表　60代前半の継続雇用者の賃金水準を決定する際に考慮している点

（複数回答、n＝5,891、単位：％）

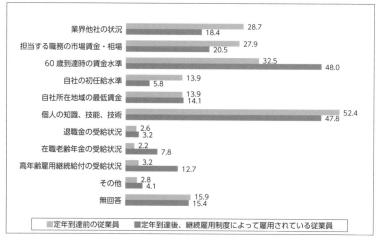

業界他社の状況　28.7／18.4
担当する職務の市場賃金・相場　27.9／20.5
60歳到達時の賃金水準　32.5／48.0
自社の初任給水準　13.9／5.8
自社所在地域の最低賃金　13.9／14.1
個人の知識、技能、技術　52.4／47.8
退職金の受給状況　2.6／3.2
在職老齢年金の受給状況　2.2／7.8
高年齢雇用継続給付の受給状況　3.2／12.7
その他　2.8／4.1
無回答　15.9／15.4

■定年到達前の従業員　■定年到達後、継続雇用制度によって雇用されている従業員

出典：「高年齢者の雇用に関する調査（企業調査）」（労働政策研究・研修機構）
https://www.jil.go.jp/institute/research/2020/documents/0198.pdf

　高年齢雇用継続給付を最大限活用するために、賃金を（高年齢雇用継続給付の支給率が最大となる）概ね61％にする会社もありますし、さらに、高年齢雇用継続給付が賞与の額に左右されない仕組みのため、賞与配分を多くし（毎月の賃金配分を少なくし）、高年齢雇用継続給付を最大限活用する会社もあります。年収が高い場合は、年金の全額支給停止はやむを得ないとして、少しでも手取りを増やすために、毎月の賃金を抑えて、賞与で支給するという考えです。賞与配分を多くするということは、違った視点からみると、成果給の比重を高くするということにもなります。

　なお、今回の改正により、高年齢雇用継続給付の最大支給率は15％から10％に引き下げられましたが、最大支給率10％を支給する場合の賃金低下率（60歳到達時賃金に比べた、60歳から65歳到達月までの賃金の低下率）は64％以下であり、改正前の（最大15％支給する

場合の）61%以下を上回っています。つまり、高年齢雇用継続給付を最大限活用するために、60歳定年後再雇用の賃金を、60歳到達時賃金の61%と設定していた会社の場合は、61%とする根拠がなくなります。

　また、高年齢雇用継続給付を受けた場合に、最大で標準報酬月額の6％相当額が在職老齢年金（賃金と年金の支給調整がかかった老齢厚生年金）からさらに支給が停止（年金カット）されますが、2025年4月に高年齢雇用継続給付が最大15%から10%に引き下げられると同時に、このさらなるカットが最大6％から4％に引き下げられます（詳細は第2章参照）。支給率が減ったので、その支給によるさらなる年金カットも少なくなります。

○定年時と定年後との賃金水準の差をどう考えるべきか

　従来から、定年後再雇用社員の賃金水準を定年時に比べてどの程度にするのかは経営者の悩みどころでした。定年時に比べて6割程度とする企業が散見されたことも事実です。最近でも、名古屋の自動車学校の職員の再雇用賃金について、「定年後再雇用社員の基本給の減額について、仕事の内容や責任の範囲が変わらないにもかかわらず一方的に6割を下回るのは違法である」旨の判決（2020年10月28日名古屋地裁）も出されています。しかしながら、たとえば、定年時の6割と一言でいっても、定年時の年収が2千万円と500万円では、そもそも同じ土俵で考えることには無理があります。また、最近では、いわゆる同一労働同一賃金・均衡均等処遇の考え方が浸透しつつあり、さらに、高齢社員の活用・戦略化を真剣に考えないと企業の存続そのものに影響するケースが出てきてもいます。

　ところで、定年時の●割という考え方の根底には、年功序列処遇の考えがあります。最近では、高齢社員の活用・戦略化を実現するあたり、成果主義を採り入れ、評価に見合った処遇を提供する企業が多く

なりつつあります。その結果として、従来のように一律●割低減ではなく、成果を出す高齢社員の処遇は現役層社員と同水準または近いものを提示する。たとえば、40代前後の社員間は15％程度の給与差でも、定年後再雇用社員の賃金差は20％超というように、現役層よりも評価による賃金差をつける企業も出てきています。もちろん、現役社員にも成果給処遇を適用しますが、それらの世代については生活保障という観点から完全に抜け出すのは難しいところもあります。一方、定年後再雇用社員については定年までの生活保障をいったん終えているという考えもあり、成果報酬的な色合いを強くすることも検討の余地があり、働き甲斐のある環境の提供、処遇改善につながると考えます。

③在職老齢年金と高年齢雇用継続給付の調整と影響

　高年齢雇用継続給付の支給率の見直しは2025年4月施行ですので、社員が男性ならば、繰上げ支給（第2章参照）を請求しない場合には、前掲のとおり老齢厚生年金の支給開始年齢は65歳ですので、在職老齢年金（年金と賃金との支給調整）を考慮する必要はなく、高年齢雇用継続給付の支給を受けた際の、さらなる年金の支給調整（年金カット）も考慮する必要はありません。

　一方、女性の場合は、生年月日によっては、2030年度まで60歳台前半で老齢厚生年金を受給できる人がいますので、在職老齢年金および高年齢雇用継続給付の支給を受けた際のさらなる年金の支給調整をしっかりと把握する必要があります。少し複雑なので、時系列を追って、どのような影響があるのかを試算してみました。

図表　法改正による影響（イメージ）

※前提条件　60歳到達時賃金　月額350,000円　基本月額100,000円

	現状	2022/4/1〜	2025/4/1〜
賃金月額	200,000	200,000	200,000
賃金低下率	57.10%	57.10%	57.10%
上記標準報酬月額	200,000	200,000	200,000
在職老齢年金	78,000	88,000	92,000
高年齢雇用継続給付	30,000	30,000	20,000
合計額（額面）	308,000	318,000	312,000

2022年4月から　支給停止基準額が28万円⇒47万円
2025年4月から　高年齢雇用継続給付が15％⇒10％上限
　　　　　　　　（低下率61％以下⇒64％以下）
　　〃　　　　　更なる年金停止額が標準報酬月額の6％⇒4％上限
　　　　　　　　（低下率61％以下⇒64％以下）

（3）高年齢雇用継続給付の支給率引下げと在職老齢年金とのさらなる調整率見直しへの実務対応

　在職老齢年金の改正、高年齢雇用継続給付の見直しを念頭においた、実務対応を考える場合には、労働の対価としての賃金の在り方を考慮した上で、賃金体系を検討することになります。従来、賞与を支給していない会社は、賞与の支給の可否を検討することにもなるでしょう。賞与を支給する場合には、月例給と賞与のバランスも検討することになります。

①賞与支給を検討する際のポイント

　賞与を考える際には、高年齢雇用継続給付の額に影響しない仕組みであるため、賞与の比率を多くすることにより、高年齢雇用継続給付を受給できる可能性が高くなります。数字だけを考えれば、月例給を60歳到達時賃金の64％に抑えることで、高年齢雇用継続給付は10％支給されます（2025年4月から。ただし、上下限等あり。詳細は第2章参照）。

しかしながら、ここで気を付けたいことがあります。たとえば、年俸を設定し、その年俸を月例給の16か月分とみなし、うち4か月分を賞与として支給する場合、時間外労働手当などの割増賃金は、賞与を含んだ年俸ベースで通常の賃金（時間単価）を算出しなければなりません。なぜならば、時間外労働手当等の割増賃金の計算の基になる通常の賃金には、算入しない賃金（＝割増賃金の基礎となる賃金から除外できる賃金）が労働基準法において限定列挙で定められており（下記参照）、たとえば、1か月を超えて支給される賃金や臨時に支給される賃金等とされているからです。賞与は通常、「1か月を超える期間ごとに支払われる賃金」に該当すると解されますが、賞与分が確定している場合には、すでに年間の賃金額が確定していて、その一部をボーナス月に多く配分するに過ぎません。このような場合には、本来の賞与の定義とは異なるため、通常の賃金（＝割増賃金の基礎となる賃金）からの除外は認められません（昭和22年9月13日基発17号）。

　これに対して、年俸制であっても、賞与（額は当初確定していない）が成果（評価）を反映させる業績連動型・調整型である場合には、割増賃金の基礎となる賃金からの除外が認められます。

■割増賃金の基礎となる賃金から除外できる手当（限定列挙）

〜労働基準法第37条5項、労働基準法施行規則第21条〜

　　ⅰ 家族手当

　　ⅱ 通勤手当

　　ⅲ 別居手当

　　ⅳ 子女教育手当

　　ⅴ 住宅手当

　　ⅵ 臨時に支払われた賃金

　　ⅶ 1か月を超える期間ごとに支払われる賃金

○賞与を業績連動型にする場合

　ところで、賞与を業績連動型（成績連動型）にして、時間外労働の割増賃金の算定から除外することを考える会社は、高齢社員の評価制度を確立しなければなりません。賞与支給は高齢社員にモチベーションを持ってもらう効果はあります。ただし、その前提条件として、高齢社員に担当してもらう業務や役割、そして評価の手法を考えなければなりません。

　また、もし評価や成績連動型の賞与を支給することを検討した場合、評価等の対象期間と支給日との兼ね合いもあります。通常は、たとえば、

　4月から9月の仕事に対する評価→同年12月に賞与を支給
　10月から翌年3月までの仕事に対する評価→7月に賞与を支給

するといったサイクルになるでしょう。しかしながら、定年後再雇用の場合、多くは1年の有期雇用契約です。たとえば、4月から翌年3月の雇用契約の場合、順調に更新をしたとしても、最終対象期間の仕事に対する賞与は退職後の支給となります。もとより、定年後再雇用契約における当初の契約の7月の賞与は、定年前に別契約における仕事に対する評価となるのかという疑問も生まれます。さらに、多くの会社では、定年を誕生日または誕生月で区切っていますので、人によって、契約の始期が異なり、対象期間も異なる可能性も出てきます。

○会社として賞与を支給するメリット

　それでも、筆者は賞与支給にはメリットがあると考えます。高齢社員のモチベーションを維持するためのみならず、現役層の社員にとっても、高齢社員が生き生きと働く姿は将来の自分の姿と重なると思うからです。そのため、人によって多少の影響の差はあるにせよ、一律の対象期間で評価することも検討の余地はあると考えます。

ある会社では、

・60歳の誕生月の末日で定年とし、当月を含む年度末までの契約
を締結
・その後は4月から翌年3月までの契約を締結
・65歳到達月を含む年度については（定年後再雇用の最終年度）、
4月から65歳到達月までの契約を締結

という会社もあります。評価対象月は一律とし、賞与支給日も同一で
す。さらに定年前の最終賞与は、支給日において、定年前社員として
の在籍がないと支給されません。

例）9月から翌年3月までの評価→7月賞与支給
∴ 4月生まれの人は、7月はすでに定年を迎えているので、
定年前の最終賞与の支給対象とはならない

ここで賃金と年金と高年齢雇用継続給付との調整を試算してみましょう。

前提条件
●60歳到達時賃金が40万円
●60歳から65歳到達時賃金24万円
●以前12か月に賞与なし／賞与あり（48万円）

A改正前（額面）

賞与の有無に関わらず、高年齢雇用継続給付金は同額となる

★改正前　賞与なし
参考　賃金・年金・雇用保険の給付のしくみ
（以前12か月間に賞与なしのケース）

■**60歳台前半の老齢厚生年金をもらっている社員の収入（額面／月）**
・60歳到達時賃金が400,000円・老齢厚生年金額1,200,000円（配偶者等の加
給年金除く）・当月以前12か月間に、賞与支給なし

60歳台前半の賃金が240,000円
標準報酬月額240,000円
（賃金：60歳到達時賃金の60.0%）

賃金	240,000円
在職老齢年金	55,600円
高年齢雇用継続給付金	36,000円
合計	331,600円

★改正前　賞与あり
参考　賃金・年金・雇用保険の給付のしくみ
（以前12か月間に賞与ありのケース）

■**60歳台前半の老齢厚生年金をもらっている社員の収入（額面／月）**
・60歳到達時賃金が400,000円・老齢厚生年金額1,200,000円（配偶者等の加
給年金除く）・当月以前12か月間の標準賞与額合計480,000円

60歳台前半の賃金が240,000円
標準報酬月額240,000円
（賃金：60歳到達時賃金の60.0%）

賃金	240,000円
在職老齢年金	35,600円
高年齢雇用継続給付金	36,000円
合計	311,600円（別途　賞与）

A　★改正前　賞与なし　【額面】
① 在職老齢年金
　　基本月額は1,200,000円÷12カ月＝100,000円　／　総報酬月額相当額は240,000円
　→（基本月額100,000円＋総報酬月額相当額240,000円－280,000円）÷2＝30,000円
　∴この時点での年金の支給停止額は30,000円
② 高年齢雇用継続給付
　　60歳到達時賃金400,000円に対し、今月の賃金240,000円なので、賃金低下率60.0
　→高年齢雇用継続給付金＝240,000円×15%＝36,000円
③ ②により、さらなる年金停止額
　　60歳到達時賃金400,000円に対し、今月の標準報酬月額240,000円なので、低下率は60.0
　→更なる年金停止額＝今月の標準報酬月額240,000円×6％＝14,400円
①～③より、月当たりの年金は、100,000円－①30,000円－③14,400円＝55,600円　……A
　　　　　　　高年齢雇用継続給付金は、36,000円　　　　　　　　　　　　　……B
　　　　　　　賃金　240,000円　　　　　　　　　　　　　　　　　　　　　……C
　∴A＋B＋C＝331,600円

A ★改正前　賞与あり【額面】　計算機
① 在職老齢年金
　　基本月額は1,200,000円÷12か月＝100,000円　／　総報酬月額相当額は240,000円＋
　　480,000円÷12か月＝280,000円
　→（基本月額100,000円＋総報酬月額相当額280,000円－280,000円）÷2＝50,000円
　∴この時点での年金停の支給停止額は50,000円
② 高年齢雇用継続給付
　　賞与なしと同様　→高年齢雇用継続給付金＝240,000円×15%＝36,000円
③ ②より、さらなる年金停止額
　　賞与なしと同様→さらなる年金停止額＝今月の標準報酬月額240,000円×6％＝14,400円
①～③より、月当たりの年金は、100,000円－①50,000円－③14,400円＝35,600円　……A
　　　　　　高年齢雇用継続給付金は、36,000円　　　　　　　　　　　　　　　……B
　　　　　　賃金　240,000円　　　　　　　　　　　　　　　　　　　　　　　……C
　∴A+B+C＝311,600円（別途賞与あり）

B　改正後（額面～60歳台前半の在職老齢年金および高年齢雇用継
　　　　続給付の支給率等の改正後～）

この前提条件の下では、年金の支給停止はないので、すべて同額となる

※Aに準じて算出。ただし、A解説のうち、①支給停止基準額を47万円／
　②支給率を10％／③さらなる年金停止額の支給停止率を4％として計算
　します

★B　年金・高年齢雇用継続給付改正後　賞与なし

参考　賃金・年金・雇用保険の給付のしくみ（以前12か月間に賞与なしのケース）

■60歳台前半の老齢厚生年金をもらっている社員の収入（額面／月）

・60歳到達時賃金が400,000円・老齢厚生年金額1,200,000円（配偶者等の加給年金除く）・当月以前12か月に、賞与支給なし

60歳台前半の賃金が240,000円
標準報酬月額240,000円
（賃金：60歳到達時賃金の60.0%）

賃金　240,000円
在職老齢年金　90,400円
高年齢雇用継続給付金　24,000円

合計　　　　354,400円

★B　年金・高年齢雇用継続給付改正後　賞与あり

参考　賃金・年金・雇用保険の給付のしくみ（以前12か月間に賞与ありのケース）

■60歳台前半の老齢厚生年金をもらっている社員の収入（額面／月）

・60歳到達時賃金が400,000円・老齢厚生年金額1,200,000円（配偶者等の加給年金除く）・当月以前12か月の標準賞与額合計480,000円

60歳台前半の賃金が240,000円
標準報酬月額240,000円
（賃金：60歳到達時賃金の60.0%）

賃金　240,000円
在職老齢年金　90,400円
高年齢雇用継続給付金　24,000円

合計　　　　354,400円（別途　賞与）

図表　60歳から65歳の支給調整（イメージ）改正前（額面）

例）60歳到達時賃金　40万円／老齢厚生年金の支給開始年齢　64歳
　　老齢厚生年金120万円（加給年金なし）⇒基本月額10万円
　　60歳以後の賃金24万円（標準報酬月額24万円）・賞与なし
　　生年月日により、老齢厚生年金（報酬比例部分）の支給開始年齢が64歳の男性

①賃金と年金の調整　支給停止額
　{(10万円＋24万円)−28万円}÷2＝3万円
②賃金と雇用保険の調整
　低下率60％
　∴標準報酬月額24万円×6％＝14,400円
　⇒10万円−（3万円＋14,400円）＝55,600円

賃金低下率は60.0％　　　　　　　報酬比例部分55,600円

高年齢雇用継続給付＝24万円×15％＝36,000円

賃金24万円（標準報酬月額24万円）

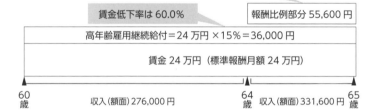

60歳　　　収入（額面）276,000円　　　64歳　収入（額面）331,600円　65歳

図表　60歳から65歳の支給調整（イメージ）　年金法・雇用保険法改正後

例）60歳到達時賃金　40万円／老齢厚生年金の支給開始年齢　64歳
　　老齢厚生年金120万円（加給年金なし）⇒基本月額10万円
　　60歳以後の賃金24万円（標準報酬月額24万円）・賞与なし
　　生年月日により、老齢厚生年金（報酬比例部分）の支給開始年齢が64歳の男性

①賃金と年金の調整　支給停止額
　(10万円＋24万円)＜47万円
　⇒この時点では年金は支給停止なし
②賃金と雇用保険の調整
　低下率60％
　∴標準報酬月額24万円×4％＝9,600円
　⇒10万円−9,600円＝90,400円

賃金低下率は60.0％　　　　　　　報酬比例部分90,400円

高年齢雇用継続給付＝24万円×10％＝24,000円

賃金24万円（標準報酬月額24万円）

60歳　　　収入（額面）264,000円　　　64歳　収入（額面）354,400円　65歳

図表　65歳後の支給調整（イメージ）　法改正前後同様（額面）

例）老齢厚生年金 120 万円（加給年金を除く）⇒基本月額 10 万円
　　賃金 24 万円（標準報酬月額 24 万円）・賞与なし

①賃金と年金の調整　支給停止額
　（10 万円＋24 万円)<47 万円→支給停止なし
②高年齢雇用継続給付なし

・老齢厚生年金　10 万円＋加給年金？
・経過的加算
・老齢基礎年金　を除く
・賃金 24 万円

65
歳

ポイント

●今回の法改正で、60 歳台前半の在職老齢年金は、受給できる
　人が多くなったり、その額も増える可能性が高くなるが、受給
　対象者には生年月日に制限があるため、一過性のものである

●高齢社員の賃金設定においては、年金や高年齢雇用継続給付は
　あくまでも参考にとどめるべきである。

●同額の年収であっても、月当たりの賃金と賞与の配分により、
　高年齢雇用継続給付の支給の有無や額に影響が出てくる

●以前 12 か月間の賞与は総報酬月額相当額（P43 参照）に影響
　するため、一度賞与を支給すると向こう 12 か月間の在職老齢
　年金の算出に影響することになる

Ⅲ　65歳以上の雇用への影響

1　雇用保険の改正・年金法の改正に関する法対応

（１）二事業所で働く場合の雇用保険への加入特例

①改正の概要

　今回の法改正は、人生100年を想定した、就労年数を伸ばすための改正といえるでしょう。雇用保険法の改正および年金法の改正です。

　雇用保険法の改正では65歳以上の高齢社員は、自社の働き方だけでは雇用保険の加入基準を満たせなくとも、他社と合わせて加入要件を満たせば、雇用保険に加入可能になりました。ちなみに、2017年１月から、雇用保険の加入要件に年齢要件がなくなったこと（改正前は65歳以上加入不可）等から、65歳過ぎての転職でも、雇用保険に加入し易くなり、高年齢者が働く環境が整いつつあります。また、年齢に関わりなく、正当な理由のない自己都合退職の場合に、失業等給付を早めにもらうことが可能となったこともセーフティネットがより充実したといえます（詳細は第２章参照）。

②　実務対応

　70歳定年法を見据え、65歳以降の就労確保措置を考えるとき、複線型の処遇制度を構築することが必須となるでしょう。その中のコースによっては、自社だけでは雇用保険の加入基準を満たせなくとも、副業・兼業を推進し、２社で加入を推進する対応策も考えられます。

　従来から、二事業所で働く労働者については、年齢に関わりなく、厚生年金および健康保険に次のような仕組みがあります。

図表　厚生年金保険・健康保険へ加入

●加入基準を満たす事業所で加入。2事業所以上で満たす場合は、本
人が選択した1事業所でのみ加入。ただし、その場合には、報酬を
合算し保険料を算出する

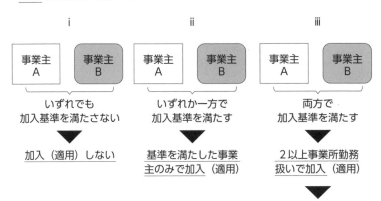

```
iii の場合には


（1）届出
　　　被保険者は、ABのいずれかの事業所管轄の事務センター（年
　　金）および医療保険者を選択する。具体的には、①および②
　　が必要
　　①それぞれの事業所から「資格取得届」を5日以内にそれぞ
　　　れの管轄事務センター（年金）および健康保険組合の場合
　　　は健康保険組合）へ届出（電子申請等）
　　②10日以内に選択した事務センター等に、「被保険者所属選
　　　択・二以上事業所勤務届」を提出（電子申請等）
```

（２）保険料の負担

①選択した年金事務所および医療保険者において、各事業所の報酬月額を合算して標準報酬月額を算定し、その２分の１ずつを事業主と被保険者が負担

②事業主の負担分は、各事業主が被保険者に支払う報酬の額により按分した保険料を、選択した年金事務所に納付（健康保険の場合は、選択した医療保険者等に納付）

図表　２事業所それぞれで加入基準を満たした場合の厚生年金保険料の負担例（2021年４月現在）

事業主Ａ
報酬　10万円

事業主Ｂ
報酬　20万円

合計30万円→標準報酬月額300千円

300千円×183/1000＝54,900円…厚生年金保険料
被保険者負担額・事業主負担額⇒各 27,450円

※子ども・子育て拠出金や健康保険料
（介護保険料）も同様に計算します

事業主Ａの負担額
27,450円×10万円/30万円＝9,150円
∴9,150円

事業主Ｂの負担額
27,450円×20万円/30万円＝18,300円
∴18,300円

※本人負担分はABの各事業所から支払われる賃金から、割合に応じた負担分を控除
※被保険者が選択した事業所管轄の年金事務所および健康保険組合に納付

　二事業所で働く労働者が65歳以上の場合には、今回の改正によって雇用保険への加入特例ができました（当初は施行的に。今後は範囲拡大が想定されています。）。これは国の副業・兼業推進の一環でもありますが、同時に、副業・兼業をする労働者へのセーフティネットの

充実と、高年齢者雇用の促進という効果もあります。

　なお、65歳以後の人を採用する場合には、二事業所合計で雇用保険に加入できる仕組みを周知し、本人から申し出があった場合は、雇用保険の加入の手続きをすることになります。加入後は、各事業主は、支給する賃金に応じて、雇用保険料を負担します。

　また、相当な労働時間・労働日数を要する仕事の場合には、厚生年金に加入することになりますが、年金法が改正され、改正後は毎年、年金の額が見直されることになります。

（2）在職年金を受給する人の年金額増額

　今回の改正では、65歳以上の在職老齢年金を受給する人を対象にしたもので、従来は在職中に支払った厚生年金の保険料が、退職後または70歳になるまで年金に反映されなかった仕組みを、毎年9月に前月分までの保険料を基に再計算し、10月分から年金額に反映することとされました。

　具体的には、

　　月額20万円で1年間働くと

　　　　→　約13,000円/年（約1,100円/月）

　　月額30万円で1年間働くと

　　　　→　約20,000円/年（約1,600円/月）

が、翌年（10月分）の年金から増えることになります。

　たとえば、老齢厚生年金を受給する人が、65歳から70歳まで厚生年金加入し、月額20万円で働いた場合を考えます。改正前は、70歳になって初めて5年間働いた分として、約65,000円がそれ以後の年金に加算されますが、改正後は66歳以降、毎年約13,000円が年金に加算されていきます。単純なイメージですが、65歳から70歳前までの4年間（66歳67歳68歳69歳に改定）にトータル13,000円×（66歳か

らの4年間+67歳からの3年間+68歳からの2年間+69歳からの1年間）＝130,000円の年金を改正前より多く得ることになります。

　従来から、働きながら年金を受給する際には、在職老齢年金制度により、（一定要件の下）年金の一部または全部が支給停止（カット）され、さらに、在職中は、同時に負担している厚生年金保険料が老齢厚生年金の額に一切反映されないことへの不満がありました。この改正により、高年齢者の就労意欲が高まるのではといわれています。

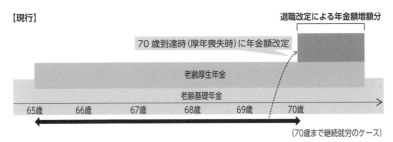

出典：「在職定時改定の導入」（厚生労働省年金局）
https://www.mhlw.go.jp/content/12601000/000558228.pdf

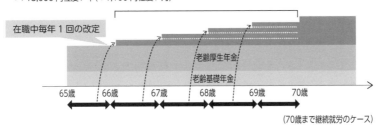

出典：「在職定時改定の導入」（厚生労働省年金局）
https://www.mhlw.go.jp/content/12601000/000558228.pdf

（3）老齢の年金の繰上げ率の低減および繰下げ月数の拡大

　老齢の年金の繰上げ・繰下げの改正については、第2章（P 69）で
述べています。自らの老齢の年金をいつからもらうかは、本人の意思
によります。よって、企業が高齢社員の賃金設計を構築する際に、仮
に65歳以後の収入を年金を加味した賃金シミュレーションを参考資
料とする場合には、法の規定通り65歳から年金を受給することを念
頭に説明することになります。

　ただし、定年前後の説明会を開催する際には、繰上げ繰下げおよび
その効果や改正については、説明することを是非ともお勧めします。

2　70歳までの就業機会確保措置等の新設

　従来、事業主に対し、65歳までの雇用確保義務を課していましたが、
70歳定年法の施行により65歳から70歳までの就業機会の確保の努力
義務が加わりました。詳細は、第2章（P 27）で述べています。

　今回は努力義務ですが、将来的には義務化することが想定されてい
ます。今まで、高年齢者の「雇用」をどうするかという考えに留まっ
ていた企業は、この先を見据えて、いよいよ、高年齢者の「雇用」か
ら高年齢者の「戦略化」に方向変換する時代になったと考えるべきです。

　本書の冒頭でも述べていますが、相応の処遇を用意し、いつまでも
働いてもらいたい高齢社員がいてこそ戦略化を実現できるのです。高
年齢者の「雇用」を「戦略化」に移行するには、事業主による「戦略
化」への方向変換に伴う働く環境整備はもちろん必要ですが、同時に、
社員自身の資質を上げるための時間も必要です。そのためにも、第5
章で提案している複線コースを設定して運用しつつ、多くの高齢社員
が戦略化に移行できるよう、併行して、雇用から戦略化への人「財」
育成や働く環境整備を進めていくことが望ましいと考えます。

✒ コラム 繰上げ繰下げどっちが得か

　定年前後の説明会では、「繰上げ繰下げどっちが得か」という質問をよく受けます。「得」という意味は、人によって異なります。一つは、老齢年金は保険だと捉えれば、その時々にもらえる額が多い方がお得とする考え方、もう一つは、生涯もらえる年金額のグロスが多い方がお得とする考え方です。前者だけならば、繰り下げをすれば繰下げ月数に応じて増額しますので、繰り下げる方がお得ということになります。しかしながら、多くの方は、後者をお得と考えるようです。その場合は、次のような回答になります。

※老齢基礎年金にも老齢厚生年金にも、繰上げ繰下げがあり、仕組み（増額率・減額率）は同じです。

■年金は繰上げした方がトクですか？繰下げした方がトクですか？

● 老齢の年金には、60歳台前半からもらい始める「繰上げ」と、66歳以降からもらい始める「繰下げ」があります。「繰上げ」の場合は繰上げ月数に応じてひと月あたり0.5%(5/1000)の減額が、「繰下げ」の場合は繰下げ月数に応じて0.7%の増額(7/1000)があり、その増額（減額）率は一生変わりません。（それぞれ60か月が最大）

　　※ 2022年4月からは、繰上げ減額率は0.5%→0.4

　　※　　〃　　　　　繰上げは最大60か月→120か月

● どちらがトクかは一概にはいえませんが、たとえば、<u>繰上げの場合、減額率5/1000→1000÷5＝200</u>

÷12(か月) = 16・6666 ≒ 16年8か月となり、繰上げ開始してから約16年8か月の時点で、65歳から支給される年金額と総額が概ね一致します.その後は、65歳から受給した方が支給される年金額が高いため、トータル額は多くなります。

同様に計算すると、繰下げの場合には、繰下げ開始から約11年11か月の時点で、65歳から支給される年金額と総額が概ね一致し、それ以後は繰下げて受給する方が支給される年金額が高いので、長生きすればするほどトータル額は多くなり、お得になります。

● 繰上げにも繰下げにも制約があります。たとえば、一旦繰上げをすると、その後障害になっても障害基礎年金がもらえない等の制約があります

㊟繰下げして年金が増えれば収入が多くなり、税や社会保険料が増えることが多く、医療や介護サービスの自己負担割合も増加することが考えられます(手取りは計算上ほど増えない)
　→手取りベースでの損益分岐点は、現時点(2021年4月)では、約12年から約16年に延びると想定されています

※繰上げにも繰下げにも制約がありますので、あらかじめ年金事務所等でメリット・デメリットを確認してください。

第4章

高年齢者雇用の処遇を
構築するための検討課題

第２章および第３章では、年金法改正や雇用保険法等の一部改正を中心に高年齢者雇用への検討を進めてきました。この章では、高齢社員の戦略化を視野に入れた処遇改善を検討する前段階として、昨今導入が迅速化しているジョブ型雇用の活用と、2021年４月に中小企業も義務化が施行された「短時間労働者及び有期雇用労働者の雇用管理の改善等に関する法律（以下、パートタイム・有期雇用労働法という）」から検討されるべき処遇の在り方について確認します。

1　ジョブ型雇用の活用

　昨今、ジョブ型雇用という言葉が頻繁に飛び交うようになり、実際にジョブ型雇用の導入を進める会社が後を絶ちません。年功序列の賃金体系や異動・転勤ありきのラインアップに象徴されるメンバーシップ型の日本型雇用は、すでに崩壊し始めているといっても過言ではありません。

　実は、ジョブ型雇用について、世間では、「ジョブ型雇用は成果主義だ」というような本来の（元々の）意味とは異なった使い方がされていることが多いのです。そこで、ここではまず、本来の（元々の）ジョブ型雇用とは何かを理解した上で、高年齢者雇用に活用すべき道筋をつけていきたいと思います。

（1）ジョブ型雇用とメンバーシップ型雇用

　雇用の方法には、２つあるといわれています。１つは、「ジョブ型雇用」、もう一つは「メンバーシップ型雇用」です。

①「ジョブ型雇用」とは

　「ジョブ型雇用」とは、労働政策研究・研修機構労働政策研究所長の濱口桂一郎氏が中心的に提唱してきた言葉です。同氏によれば、ジョ

ブ型雇用とは、ジョブごとに職務内容や責任範囲を明確にしたジョブ・ディスクリプション（職務記述書。以下、JDという）が定められ(そのジョブに必要なスキルもあらかじめ明確にされている)、そのジョブを遂行できるスキルを持った人を当てはめて雇用します。

　「ジョブ型雇用」では、そのジョブを問題なく遂行していれば、JDで規定されているそのジョブに対する賃金を支払うので、ごく一部のエグゼンプト（高度な専門職等）を除けば、遂行したジョブの成果や職務遂行能力の評価はしません。最初に人をジョブに当てはめるときにのみ評価します。ジョブが遂行できるか否かですべてが決まり、遂行できればその賃金のまま、遂行できなければ能力不足で解雇の可能性も出てきます。このように、「ジョブ型雇用」には評価や査定という概念はそもそもないため、「ジョブ型雇用の成果主義」という言葉は、本来のジョブ型の趣旨とは異なることになります。

②「メンバーシップ型雇用」とは

　一方、「メンバーシップ型雇用」とは、まずは人を雇い、仕事を割り当てていく雇用の方法です。日本の従来の雇用はこの型で、たとえば、新卒を一斉採用し、採用してからいろいろな仕事に割り振り、いろいろな仕事を経験させ、育てていきます。職務内容を限定せず、ジョブローテーションを通じ幅広い経験をさせ、人を育てます。濱口氏の言葉を借りれば、ジョブ型は「就職」、メンバーシップ型は「就社」のイメージに近いとなります。

（2）高年齢者雇用とジョブ型雇用
①高年齢者雇用にマッチしたジョブ型雇用

　高年齢者活用を視野に入れた雇用を考えた場合、一部の重要ポストに就き現役並みの仕事をその先の将来にわたって期待する高齢社員を

除き、すでに有しているスキルや経験を基に、適合した（高齢社員に担当してもらう）ジョブに当てはめていくという意味では、ジョブ型雇用こそ高年齢者雇用に適していると筆者は考えます。

　高齢社員に担ってもらいたいジョブを抽出し、ジョブごとに複数の処遇パターンを設定し複線コースを作ります。そして、各コースに求められるスキル基準を明確にします。高齢社員には、今までの職務経験や身に着けたスキル、経験があるはずです。会社が求める人「財」を明らかにすることによって、高齢社員にも求められるジョブの具体的な指標（役割）がわかり、納得性のある働きが実現します。

　従来の日本の高年齢者雇用は、どちらかというと横並びの処遇が多いようです。さらに、定年退職直前の最終役職によってその後の処遇を決定する会社もあるようですが、本来の高齢社員に期待する目的とは異なるのではないでしょうか。

②従来型雇用における賃金の決め方

　ここに、定年後再雇用の賃金の再設定について、興味深い説があります。

　一人の人間の、会社に対する貢献（ここでは、会社の儲けへの貢献度）と賃金の関係です。この説の前提は、新卒で入社し、定年を迎え、その後定年後再雇用となるという日本型雇用であることを先に述べておきます。

　ここでは、あくまでも経営者目線の考え方なのですが、これからご紹介する理論は、「新卒入社社員は仕事の遂行能力ゼロから始まり、会社に儲けをもたらさない」ということからスタートします。

　もちろん、最近では入社時から即戦力となるような職業能力を学校で身に付けて入社する新卒社員も登場していますし、中途採用も増えていますので、ここはあくまでも、参考理論ということをご理解ください。

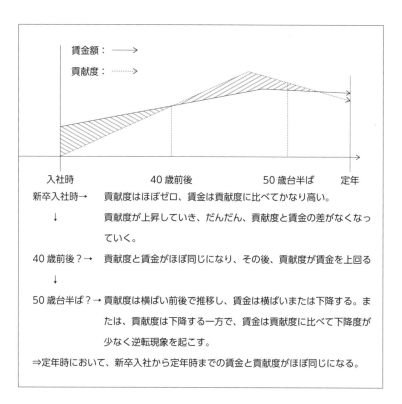

賃金額： ——→

貢献度： ·······→

入社時　　　　　40歳前後　　　　　50歳台半ば　　　定年

新卒入社時→　　貢献度はほぼゼロ、賃金は貢献度に比べてかなり高い。

↓　　　　　　　貢献度が上昇していき、だんだん、貢献度と賃金の差がなくなっ
　　　　　　　　ていく。

40歳前後？→　　貢献度と賃金がほぼ同じになり、その後、貢献度が賃金を上回る

↓

50歳台半ば？→　貢献度は横ばい前後で推移し、賃金は横ばいまたは下降する。ま
　　　　　　　　たは、貢献度は下降する一方で、賃金は貢献度に比べて下降度が
　　　　　　　　少なく逆転現象を起こす。

⇒定年時において、新卒入社から定年時までの賃金と貢献度がほぼ同じになる。

　以上のことから、定年時にはゼロクリアで、定年後再雇用は、その
時点におけるその社員が担う業務にあった処遇を再設定することは道
理にかなっているという説です。

　その他、若い頃は仕事に比べて給与は低いが、年齢（年数）を重ね
るごとに職位が上がり給与も増える、中高年になると、逆転現象が起
こり、仕事の割に給与が高くなり、若年層の頃の安月給の穴埋めをす
る、といった考えもあります。いずれにしても日本型雇用の典型とい
えます。

　このように考えると、日本の会社の多くの定年後再雇用社員の処遇
（ここでは賃金）が定年時を以て再設定されることもわかりやすいと

思います。

　また、転職が一般的になっている昨今では、中途入社時にすでに貢献度がプラスから始まりますが、会社からすれば、当初から貢献度＞賃金を期待するからこそ中途採用をするメリットがあるのです。

（3）高年齢者雇用を念頭に置いたジョブ型雇用とは

　前掲のように、本来のジョブ型雇用の趣旨は、「ジョブ型雇用の成果主義」という言葉とは異なりますし、ジョブ型にはそのジョブを問題なく遂行していれば、成果とか細々した評価はないことも理解できます。同じジョブをしている限り処遇アップは見込めず、より高度なジョブへの移行によって処遇アップの道が開けます。

①本来のジョブ型＋日本版ジョブ型雇用の活用

　先に述べた通り、高年齢者雇用を考えるときは、ジョブ型雇用の活用が最適な選択といえます。

　そこでここでは、本来のジョブ型雇用をスタート時点で適用しつつ、高年齢者雇用には、この本来のジョブ型雇用そのままを当てはめるのではなく、昨今、模索され始めているいわゆる日本版ジョブ型雇用を加味するという考え方を提案したいと思います。

○　日本版ジョブ型雇用とは

　ここでいう日本版ジョブ型雇用とは、ジョブ型雇用が一般的になると、会社内でそのジョブがなくなったときに（他のジョブを模索することを前提にしたとしても）、雇用そのものもなくなってしまうリスクが高くなることから、成果評価と雇用を連携しつつ、雇用維持を保証するものです。また、ジョブ型雇用のみで進むと、ほとんどの業務が業務委託でまかなえてしまうので、将来、雇用という契約形態そのものがなくなってしまうという考えもあります。

○　基本的な「本来のジョブ型＋日本版ジョブ型雇用」の活用に関する考え方

　そこで、高年齢者雇用については、同一のジョブでも一定の成果評価をしつつ、同一ジョブの中でもある程度の処遇差をつけるという方法が考えられます。もちろん、将来的には、いろいろな考えが出てきて、日本版ジョブ型雇用の定義が変遷していくと思いますが、高年齢者雇用のみを念頭におけば、そう複雑なものではなく、以下の2点を基本とすればよいと考えます。

　ⅰ　ジョブ別の複数の処遇制度を作る

　　　どの処遇制度に当てはめるかは、本来のジョブ型雇用を適用する

　ⅱ　同一ジョブの処遇コースにおいて、一定の評価をつける

　　　いわゆる日本型ジョブ型雇用を準用する

　　　会社によって、同じジョブでも難易度や期待する役割に差をつける／仕事ぶりや協調性等の評価制度を作る等によって、処遇差をつける

　具体的な設計については、会社によって、業種によって、職務やジョブによって考えればよいでしょう。高齢社員のモチベーションを維持するためにも、一定範囲の成果による評価と処遇の反映は必須だからです。

○　高年齢者雇用と現役層雇用との目的の違いも意識する

　付け加えれば、高年齢者雇用と現役層雇用とは、そもそも目的が異なります。より具体的にいえば、以下のような違いがあるといえるでしょう。

・現役層社員は、今後もいろいろなジョブ（種類や責任）を経験
　しつつ、将来に備える
・高齢社員は、過去の経験やスキルを発揮し、そこに「今」に適
　合した役割をプラスして職責を果たす

　よって、現役層社員は本来のジョブ型雇用を、高齢社員には本来の
ジョブ型雇用をベースにしつつ変化させたジョブ型雇用を適用すると
いう制度設計も有効であると考えます。

　ちなみに、2021年春季労使交渉指針において、日本経団連は、ジョ
ブ型雇用を新卒から対象とする方針を盛り込みました。

　新型コロナウイルス対応によりテレワーク等の柔軟な働き方が普及
したことが追い風となり、会社にいる労働時間や勤務態度等ではなく、
仕事そのものの遂行能力を評価する運用が始まりました。まさに、今、
雇用そのものが変わろうとしているのです。

図表　世の中の動き

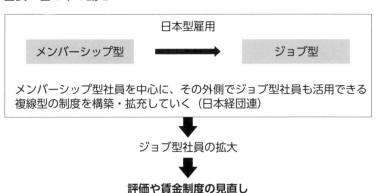

②複数のジョブコースを設定し、更新ごとに決定する

　①は、本来のジョブ型雇用を変形したものです。一方、本来のジョブ型雇用を維持するとしたときは、複数のジョブのコースを作る方法があります。会社がそれぞれのジョブコースに適用基準を設け、本人がその基準を確認し、希望を出し、会社と本人との合意によりコースを決定します。たとえば1年契約の有期雇用契約であれば、更新ごとに、次の期のコースを決定します。

○高齢社員と現役層社員の意識の違いを取り入れる

　高齢社員は、現役層社員とは異なる意識で仕事をすることがあります。たとえば、体力の低下、会社員としての集大成としての仕事への関わり方の意識の変化、仕事とプライベートとのバランスの取り方、親や配偶者の介護等生活環境の変化から生じる意識の変化等があげられます。よって、自分の経験やスキルにちょうどあったコースを選択する人もいますが、それよりも軽いジョブを選択する人もいます。

　また、同じ人でも更新ごとに考え方が変わることもあるでしょう。かつて、企業戦士としてバリバリに仕事をしてきた人が、定年後再雇用のコース選択では、比較的緩やかな基準のコースを選択することも往々にしてあります。

> **ポイント**
> ●世の中は、メンバーシップ型からジョブ型へ動き出している
> ●高年齢者雇用には、ジョブ型雇用が適しているといえる
> ●高齢社員と現役層社員とは、仕事に対する意識の違いがあることも理解しておく必要がある

2　処遇の在り方　〜同一労働同一賃金への対応〜

　第1章の統計にあるように、日本の大多数の会社における定年後再雇用は、有期雇用契約です。ということは、高年齢者雇用を考えるにあたっては、2020年4月（中小企業においては、2021年4月）施行のパートタイム・有期雇用労働法の基本的な内容をしっかりと理解し、対応しておくべきです。

（1）パートタイム・有期雇用労働法の基本事項

　パートタイム・有期雇用労働法では、非正規労働者と正規労働者との間の均衡均等待遇を求めています。

①「非正規労働者」と「正規労働者」とは

　ここでいう「非正規労働者」とは、有期契約労働者および短時間労働者をいい、「正規労働者」とはいわゆる正社員および無期雇用フルタイム労働者（有期から無期転換した労働者を含む）をいいます。定年後再雇用社員が、有期雇用労働者であれば、非正規労働者の立場となり、パートタイム・有期雇用労働法における均衡均等処遇の対応を取組む労働者（取組対象労働者）となります。

図表　取組対象労働者と比較対象労働者

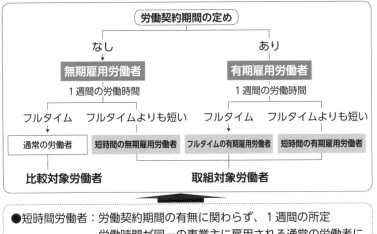

出典:「不合理な待遇差解消のための点検・検討マニュアル（業界共通編）」（厚生労働省）
https://www.mhlw.go.jp/content/11909000/000494536.pdf

　なお、上図における「通常の労働者」とは、いわゆる正社員および無期雇用フルタイム社員のことをいいます。

②パートタイム・有期雇用労働法の改正概要

　今回の改正では、次のようなことが求められています

図表　説明義務における比較対象となる通常の労働者の考え方

パートタイム・有期雇用労働法では、
①**全ての通常の労働者との間で不合理な待遇差の解消**が求められる

②（雇入時の説明のみならず）改正により、本人から求めがあった場合には、
待遇差の内容や理由について説明をせねばならず、その**説明に当たっては、
職務の内容等が最も近い通常の労働者が比較説明対象となる**

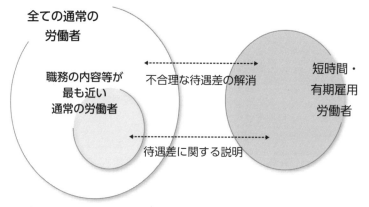

出典：「不合理な待遇差解消のための点検・検討マニュアル（業界共通編）」（厚生労働省）一部加筆
https://www.mhlw.go.jp/content/11909000/000494536.pdf

※その他、行政による履行確保措置および裁判外紛争解決手続（行政
　ADR）の規定の整備の改正もありました。

　さらに、実務的なことを付け加えると、パートタイム労働者や有期
雇用労働者を雇入れたとき（更新時も含む）には、労働基準法第15条
に定める労働条件の明示に加え、特定4事項（昇給の有無・賞与の有無・
退職金の有無・相談窓口）を文書の交付等により明示しなければなり
ません。定年後再雇用社員であっても、その者がパートタイム労働者

または有期雇用労働者に該当する場合は、同様の扱いになります。

★　労働条件明示事項

■①書面、②ファックス、③電子メール・SNS等のいずれかの方法
で明示

⇒②③は本人が希望し書面を作成できるものに限る

※パート・有期雇用労働法により、パート・有期労働者を雇用す
る場合には、①昇給の有無②賞与の有無③退職手当の有無およ
び④相談窓口の記載も必要

絶対的明示事項 ※必ず明示しな ければならない 事項	①　労働契約の期間に関する事項 ②　期間の定めのある労働契約を更新する場合の基準に 　　関する事項 ③　就業の場所・従事すべき業務に関する事項 ④　始業・終業の時刻、所定労働時間を超える労働（早 　　出・残業等）の有無、休憩時間、休日、休暇、労働者 　　を2組以上に分けて就業させる場合における就業時転 　　換に関する事項 ⑤　賃金の決定・計算・支払の方法、賃金の締切り・支 　　払の時期に関する事項 ⑥　退職に関する事項（解雇の事由を含みます。） ⑦　昇給に関する事項 ※①～⑥は書面で明示しなければならない事項
相対的明示事項 ※定めをした場 合に明示しなけ ればならない事 項	⑧　退職手当の定めが適用される労働者の範囲、退職手 　　当の決定、計算・支払の方法および支払い時期に関す 　　る事項 ⑨　臨時に支払われる賃金、賞与等および最低賃金額に 　　関する事項 ⑩　労働者に負担させる食費、作業用品等に関する事項 ⑪　安全・衛生に関する事項 ⑫　職業訓練に関する事項 ⑬　災害補償、業務外の傷病扶助に関する事項 ⑭　表彰、制裁に関する事項 ⑮　休職に関する事項

※雇入時のみならず、契約更新時も労働条件を明示

（2）いわゆる「同一労働同一賃金」の考え方と高年齢者の処遇
①均衡均等処遇の基本原則

　パートタイム・有期雇用労働法では、均衡均等、いわゆる「同一労働同一賃金」の処遇設定が改正事項の大きなポイントです。

図表　パートタイム・有期雇用労働法の均衡均等

$$ 均衡 \quad \neq \quad 均等 $$

★同一会社の
「パートタイム労働者・有期雇用労働者」と「通常の労働者：いわゆる正社員および無期雇用フルタイム労働者」との間の均衡・均等

■均衡待遇
（不合理な待遇差の禁止）

①職務内容
（業務の内容および責任の程度）
②職務内容・配置の変更の範囲
③その他の事情
の違いに応じた範囲内で、待遇を決定

※「その他の事情」は、①②以外の個々の状況に合わせて都度検討。成果、能力、経験、合理的な労使の慣行、労使交渉の経緯はその他の事情として想定される

■均等
（差別的取扱いの禁止）

①職務内容
（業務の内容および責任の程度）
②職務内容・配置の変更の範囲
が同じ場合には、待遇は同じ取扱い

※同じ扱いの下で、能力、経験等の違いにより差がつくのは構わない

　同法では、非正規社員の処遇は、正規社員の処遇と比べ、状況により、

　・均衡

または

　・均等

であるべきとしています。まずは、同法の象徴となる第8条および第9条について概説します。

○　第８条の概要

　第８条はいわゆる**均衡待遇**の条文となります。まず、条文を見てみましょう。

（不合理な待遇の禁止）

第八条　事業主は、その雇用する短時間・有期雇用労働者の**基本給、賞与その他の待遇のそれぞれについて、**当該待遇に対応する通常の労働者の待遇との間において、当該短時間・有期雇用労働者及び通常の労働者の業務の内容及び当該業務に伴う責任の程度（以下「職務の内容」という。）、当該職務の内容及び配置の変更の範囲その他の事情のうち、当該待遇の性質及び当該待遇を行う目的に照らして適切と認められるものを考慮して、不合理と認められる相違を設けてはならない。

　つまり、この条文では、賃金は、総額ではなく、基本給、賞与その他の個々の処遇（例　役職手当、食事手当、福利厚生施設、教育訓練、休暇等）それぞれについて、

ⅰ　職務の内容（業務の内容および責任度）

ⅱ　職務の内容および配置の変更の範囲

ⅲ　その他の事情（職務の成果、能力、経験、事業主と労働組合との交渉の経緯等）

に照らし合わせて、不合理と認められる相違を設けてはならない、ということが規定されています。

○第9条の概要

　第9条は均等待遇、いわゆる「同一労働同一賃金」をより鮮明に規定する条文となります。まずは条文を見ていきます。

（通常の労働者と同視すべき短時間・有期雇用労働者に対する差別的取扱いの禁止）

　第九条　事業主は、職務の内容が通常の労働者と同一の短時間・有期雇用労働者であって、当該事業所における慣行その他の事情からみて、当該事業主との雇用関係が終了するまでの全期間において、その職務の内容及び配置が当該通常の労働者の職務の内容及び配置の変更の範囲と同一の範囲で変更されることが見込まれるものについては、短時間・有期雇用労働者であることを理由として、基本給、賞与その他の待遇のそれぞれについて、差別的取扱いをしてはならない。

この条文では、

---

a職務の内容
b雇用期間の全期間において、職務の内容および配置の変更の範囲

が同じならば、短時間・有期雇用であることを理由として、基本給、賞与その他の処遇について、差別的取り扱いをしてはならない、ということを規定しています。

　ただし、ここでいう職務の内容とは、業務の内容および責任度をいうことから、単に、傍から見た「同じ仕事」を指しているのではないため、正確には「同一労働同一賃金」ではなく、「同一価値労働同一賃金」の方が、この条文の内容を正確に表現するものと考えます。

　なお、第8条および第9条に反するか否かについては、特に「職務の内容」が同じかどうか、「職務の内容・配置の変更の範囲（人材活用の仕組みや運用）」が同じかどうか、という点がポイントとなります。

　この点に関する詳細な説明は省略しますが、基本的な考え方としては厚生労働省において作成されている「パートタイム・有期雇用労働法の概要」が参考となりますので、一部を紹介しておきます。

図表　「職務の内容が同じ」かどうか

　職務の内容とは、業務の内容及び当該業務に伴う責任の程度をいいます。職務の内容が同じかどうかについては、次の手順にしたがって判断します。

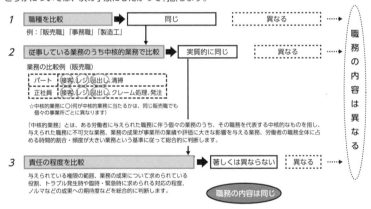

出典：「パートタイム・有期雇用労働法の概要」（厚生労働省）
https://www.mhlw.go.jp/content/11900000/000668608.pdf

図表 「職務の内容・配置の変更の範囲（人材活用の仕組みや運用等）が同じ」かどうか

通常の労働者とパートタイム・有期雇用労働者の職務の内容・配置の変更の範囲が同じかどうかについては、次の手順に従って判断します。

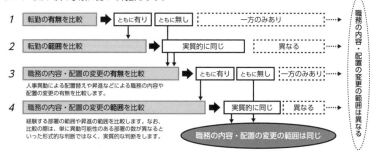

出典：「パートタイム・有期雇用労働法の概要」（厚生労働省）
https://www.mhlw.go.jp/content/11900000/000668608.pdf

②定年後再雇用の処遇

　定年後再雇用社員の処遇については、最高裁判決である長澤運輸事件（最二小判・平成30.6.1・労判1179号34頁）において、パートタイム・有期雇用契約法に規定される前の、旧労働契約法20条に基づき、以下のような判断がなされています。

> 　有期契約労働者が定年退職後に再雇用された者であることは、当該有期契約労働者と無期契約労働者との労働条件の相違が不合理と認められるものであるか否かの判断において、労働契約法20条にいう「その他の事情」として考慮されることとなる事情に当たると解するのが相当

　この内容から、会社側にやや有利な判決になったといわれていますが、この事案はトラック運転手という特化した職務であり、定年前後

で仕事がほぼ変わらないこと等から、多くの企業では、今後さらに続くであろう他の訴訟においては、同様の判決が出る可能性はそう高くないと想定しているようです。

　なお、パートタイム・有期雇用労働法の施行に先立ち、2018年12月28日に公表された厚生労働省告示第430号「短時間・有期雇用労働者及び派遣労働者に対する不合理な待遇の禁止等に関する指針」（以下、同一労働同一賃金ガイドラインという。章末資料参照）においては、定年後再雇用社員の処遇決定について、あえて次のように示しています。

■短時間・有期雇用労働者及び派遣労働者に対する不合理な待遇の禁止等に関する指針（ガイドライン）　1　基本給　の注

（注）2　定年に達した後に継続雇用された有期雇用労働者の取扱い

　定年に達した後に継続雇用された有期雇用労働者についても、短時間・有期雇用労働法の適用を受けるものである。このため、通常の労働者と定年に達した後に継続雇用された有期雇用労働者との間の賃金の相違については、実際に両者の間に職務の内容、職務の内容及び配置の変更の範囲その他の事情の相違がある場合は、その相違に応じた賃金の相違は許容される。さらに、有期雇用労働者が定年に達した後に継続雇用された者であることは、通常の労働者と該当有期雇用労働者との間の待遇の相違が不合理と認められるか否かを判断するに当たり、短時間・有期雇用労働法第8条のその他の事情として考慮される事情に当たりうる。定年に達した後に有期雇用労働者として継続雇用する場合の待遇につ

いて、様々な事情が総合的に考慮されて、通常の労働者と該当有
期雇用労働者との間の待遇の相違が不合理と認められるか否かが
判断されるものと考えられる。したがって、**当該有期雇用労働者**
が定年に達した後に継続雇用された者であることのみをもって、
直ちに通常の労働者と当該有期雇用労働者との間の待遇の相違が
不合理ではないと認められるものではない。

つまり、定年後再雇用だからといって、パートタイム・有期雇用労
働法の適用を免れることはなく、第8条の原則から外れることはない、
さらに、定年再雇用という「その他の事情」を以てしても、「当該有
期雇用労働者が定年に達した後に継続雇用された者であることのみを
もって、直ちに通常の労働者と当該有期雇用労働者との間の待遇の相
違が不合理ではないと認められるものではない」と明記されています。
　また、定年後再雇用社員が名古屋自動車学校と争っていた訴訟で、
基本給をめぐる名古屋地裁の判決が2020年10月28日にあり、「同じ
仕事なのに定年前の基本給の6割を下回るのは違法」とする判決を言
い渡しています。このような判断に至った様々な背景はありますが、
非常に興味深い判決であることは間違いないと思います。
　なお、先の長澤運輸事件では、定年後再雇用社員と現役層社員の処
遇の違いについては、「基本的な格差程度については合理的」としつ
つも、「手当等の目的等、性質上定年後再雇用社員に支給しないこと
が不合理である手当については支給すべき」という判断を下していま
す。これらのことから定年後再雇用社員の処遇については単純に「6
割以上だから大丈夫」なのではなく、処遇を下げるならば、客観的に
合理的な理由を求められる時代になったということです。
　これらのことからもお分かりいただけるように、定年後再雇用社員
の処遇については、横並びの処遇ではなく、職務の価値（評価）に応

じた処遇を構築していくことになります。

> **ポイント**
>
> ●パートタイム・有期雇用労働法では、均衡均等待遇、いわゆる同一賃金同一労働を規定している
> ●定年後再雇用者が、有期雇用である場合は取り組む対象となる
> ●公表されている同一労働同一賃金ガイドラインでは、定年後再雇用であることのみをもって待遇が違うことは、不合理でないとはいえないとしている

★ 参考資料1 〔抄録〕短時間・有期雇用労働者及び派遣労働者に対する不合理な待遇の禁止等に関する指針（平成30年厚生労働省告示第430号）

※第4 派遣労働者、第5 協定対象派遣労働者の項目については省略の上掲載

第1 目的

　この指針は、短時間労働者及び有期雇用労働者の雇用管理の改善等に関する法律（平成5年法律第76号。以下「短時間・有期雇用労働法」という。）第8条及び第9条並びに労働者派遣事業の適正な運営の確保及び派遣労働者の保護等に関する法律（昭和60年法律第88号。以下「労働者派遣法」という。）第30条の3及び第30条の4に定める事項に関し、雇用形態又は就業形態に関わらない公正な待遇を確保し、我が国が目指す同一労働同一賃金の実現に向けて定めるものである。

　我が国が目指す同一労働同一賃金は、同一の事業主に雇用される通常の労働者と短時間・有期雇用労働者との間の不合理と認められる待遇の相違及び差別的取扱いの解消並びに派遣先に雇用される通常の労働者と派遣労働者との間の不合理と認められる待遇の相違及び差別的取扱いの解消（協定対象派遣労働者にあっては、当該協定対象派遣労働者の待遇が労働者派遣法第30条の4第1項の協定により決定された事項に沿った運用がなされていること）を目指すものである。

　もとより賃金等の待遇は労使の話合いによって決定されることが基本である。しかし、我が国においては、通常の労働者と短時間・有期雇用労働者及び派遣労働者との間には、欧州と比較して大きな待遇の相違がある。政府としては、この問題への対処に当たり、同一労働同一賃金の考え方が広く普及しているといわれる欧州の制度の実態も参考としながら政策の方向性等を検証した結果、それぞれの国の労働市場全体の構造に応じた政策とすることが重要であるとの示唆を得た。

　我が国においては、基本給をはじめ、賃金制度の決まり方には様々な要素が組み合わされている場合も多いため、まずは、各事業主において、職務の内容や職務に必要な能力等の内容を明確化するとともに、その職務の内容や職務に必要な能力等の内容と賃金等の待遇との関係を含めた

待遇の体系全体を、短時間・有期雇用労働者及び派遣労働者を含む労使の話合いによって確認し、短時間・有期雇用労働者及び派遣労働者を含む労使で共有することが肝要である。また、派遣労働者については、雇用関係にある派遣元事業主と指揮命令関係にある派遣先とが存在するという特殊性があり、これらの関係者が不合理と認められる待遇の相違の解消等に向けて認識を共有することが求められる。

今後、各事業主が職務の内容や職務に必要な能力等の内容の明確化及びその公正な評価を実施し、それに基づく待遇の体系を、労使の話合いにより、可能な限り速やかに、かつ、計画的に構築していくことが望ましい。

通常の労働者と短時間・有期雇用労働者及び派遣労働者との間の不合理と認められる待遇の相違の解消等に向けては、賃金のみならず、福利厚生、キャリア形成、職業能力の開発及び向上等を含めた取組が必要であり、特に、職業能力の開発及び向上の機会の拡大は、短時間・有期雇用労働者及び派遣労働者の職業に必要な技能及び知識の蓄積により、それに対応した職務の高度化や通常の労働者への転換を見据えたキャリアパスの構築等と併せて、生産性の向上と短時間・有期雇用労働者及び派遣労働者の待遇の改善につながるため、重要であることに留意すべきである。

このような通常の労働者と短時間・有期雇用労働者及び派遣労働者との間の不合理と認められる待遇の相違の解消等の取組を通じて、労働者がどのような雇用形態及び就業形態を選択しても納得できる待遇を受けられ、多様な働き方を自由に選択できるようにし、我が国から「非正規」という言葉を一掃することを目指す。

第２　基本的な考え方

この指針は、通常の労働者と短時間・有期雇用労働者及び派遣労働者との間に待遇の相違が存在する場合に、いかなる待遇の相違が不合理と認められるものであり、いかなる待遇の相違が不合理と認められるものでないのか等の原則となる考え方及び具体例を示したものである。事業主が、第３から第５までに記載された原則となる考え方等に反した場合、当該待遇の相違が不合理と認められる等の可能性がある。なお、この指針に原則となる考え方が示されていない退職手当、住宅手当、家族手当等の待遇や、具体例に該当しない場合についても、不合理と認められる

待遇の相違の解消等が求められる。このため、各事業主において、労使により、個別具体の事情に応じて待遇の体系について議論していくことが望まれる。

なお、短時間・有期雇用労働法第8条及び第9条並びに労働者派遣法第30条の3及び第30条の4の規定は、雇用管理区分が複数ある場合であっても、通常の労働者のそれぞれと短時間・有期雇用労働者及び派遣労働者との間の不合理と認められる待遇の相違の解消等を求めるものである。このため、事業主が、雇用管理区分を新たに設け、当該雇用管理区分に属する通常の労働者の待遇の水準を他の通常の労働者よりも低く設定したとしても、当該他の通常の労働者と短時間・有期雇用労働者及び派遣労働者との間でも不合理と認められる待遇の相違の解消等を行う必要がある。また、事業主は、通常の労働者と短時間・有期雇用労働者及び派遣労働者との間で職務の内容等を分離した場合であっても、当該通常の労働者と短時間・有期雇用労働者及び派遣労働者との間の不合理と認められる待遇の相違の解消等を行う必要がある。

さらに、短時間・有期雇用労働法及び労働者派遣法に基づく通常の労働者と短時間・有期雇用労働者及び派遣労働者との間の不合理と認められる待遇の相違の解消等の目的は、短時間・有期雇用労働者及び派遣労働者の待遇の改善である。事業主が、通常の労働者と短時間・有期雇用労働者及び派遣労働者との間の不合理と認められる待遇の相違の解消等に対応するため、就業規則を変更することにより、その雇用する労働者の労働条件を不利益に変更する場合、労働契約法（平成19年法律第128号）第9条の規定に基づき、原則として、労働者と合意する必要がある。また、労働者と合意することなく、就業規則の変更により労働条件を労働者の不利益に変更する場合、当該変更は、同法第10条の規定に基づき、当該変更に係る事情に照らして合理的なものである必要がある。ただし、短時間・有期雇用労働法及び労働者派遣法に基づく通常の労働者と短時間・有期雇用労働者及び派遣労働者との間の不合理と認められる待遇の相違の解消等の目的に鑑みれば、事業主が通常の労働者と短時間・有期雇用労働者及び派遣労働者との間の不合理と認められる待遇の相違の解消等を行うに当たっては、基本的に、労使で合意することなく通常の労働者の待遇を引き下げることは、望ましい対応とはいえないことに留意すべきである。

　加えて、短時間・有期雇用労働法第8条及び第9条並びに労働者派遣法第30条の3及び第30条の4の規定は、通常の労働者と短時間・有期雇用労働者及び派遣労働者との間の不合理と認められる待遇の相違等を対象とするものであり、この指針は、当該通常の労働者と短時間・有期雇用労働者及び派遣労働者との間に実際に待遇の相違が存在する場合に参照されることを目的としている。このため、そもそも客観的にみて待遇の相違が存在しない場合については、この指針の対象ではない。

第3　短時間・有期雇用労働者

　短時間・有期雇用労働法第8条において、事業主は、短時間・有期雇用労働者の待遇のそれぞれについて、当該待遇に対応する通常の労働者の待遇との間において、業務の内容及び当該業務に伴う責任の程度（以下「職務の内容」という。）、当該職務の内容及び配置の変更の範囲その他の事情のうち、当該待遇の性質及び当該待遇を行う目的に照らして適切と認められるものを考慮して、不合理と認められる相違を設けてはならないこととされている。

　また、短時間・有期雇用労働法第9条において、事業主は、職務の内容が通常の労働者と同一の短時間・有期雇用労働者であって、当該事業所における慣行その他の事情からみて、当該事業主との雇用関係が終了するまでの全期間において、その職務の内容及び配置が当該通常の労働者の職務の内容及び配置の変更の範囲と同一の範囲で変更されることが見込まれるものについては、短時間・有期雇用労働者であることを理由として、待遇のそれぞれについて、差別的取扱いをしてはならないこととされている。

　短時間・有期雇用労働者の待遇に関して、原則となる考え方及び具体例は次のとおりである。

1　基本給

（1）基本給であって、労働者の能力又は経験に応じて支給するもの

　基本給であって、労働者の能力又は経験に応じて支給するものについて、通常の労働者と同一の能力又は経験を有する短時間・有期雇用労働者には、能力又は経験に応じた部分につき、通常の労働者と同一の基本給を支給しなければならない。また、能力又は経験に一定の相違がある場合においては、その相違に応じた基本給を支給しなければならない。

（問題とならない例）

イ　基本給について、労働者の能力又は経験に応じて支給しているＡ社において、ある能力の向上のための特殊なキャリアコースを設定している。通常の労働者であるＸは、このキャリアコースを選択し、その結果としてその能力を習得した。短時間労働者であるＹは、その能力を習得していない。Ａ社は、その能力に応じた基本給をＸには支給し、Ｙには支給していない。

ロ　Ａ社においては、定期的に職務の内容及び勤務地の変更がある通常の労働者の総合職であるＸは、管理職となるためのキャリアコースの一環として、新卒採用後の数年間、店舗等において、職務の内容及び配置に変更のない短時間労働者であるＹの助言を受けながら、Ｙと同様の定型的な業務に従事している。Ａ社はＸに対し、キャリアコースの一環として従事させている定型的な業務における能力又は経験に応じることなく、Ｙに比べ基本給を高く支給している。

ハ　Ａ社においては、同一の職場で同一の業務に従事している有期雇用労働者であるＸとＹのうち、能力又は経験が一定の水準を満たしたＹを定期的に職務の内容及び勤務地に変更がある通常の労働者として登用し、その後、職務の内容や勤務地に変更があることを理由に、Ｘに比べ基本給を高く支給している。

ニ　Ａ社においては、同一の能力又は経験を有する通常の労働者であるＸと短時間労働者であるＹがいるが、ＸとＹに共通して適用される基準を設定し、就業の時間帯や就業日が日曜日、土曜日又は国民の祝日に関する法律（昭和23年法律第178号）に規定する休日（以下「土日祝日」という。）か否か等の違いにより、時間当たりの基本給に差を設けている。

（問題となる例）

基本給について、労働者の能力又は経験に応じて支給しているＡ社において、通常の労働者であるＸが有期雇用労働者であるＹに比べて多くの経験を有することを理由として、Ｘに対し、Ｙよりも基本給を高く支給しているが、Ｘのこれまでの経験はＸの現在の業務に関連性を持たない。

（２）基本給であって、労働者の業績又は成果に応じて支給するもの

基本給であって、労働者の業績又は成果に応じて支給するものについて、通常の労働者と同一の業績又は成果を有する短時間・有期雇用労働

者には、業績又は成果に応じた部分につき、通常の労働者と同一の基本給を支給しなければならない。また、業績又は成果に一定の相違がある場合においては、その相違に応じた基本給を支給しなければならない。

なお、基本給とは別に、労働者の業績又は成果に応じた手当を支給する場合も同様である。

（問題とならない例）

イ　基本給の一部について、労働者の業績又は成果に応じて支給しているA社において、所定労働時間が通常の労働者の半分の短時間労働者であるXに対し、その販売実績が通常の労働者に設定されている販売目標の半分の数値に達した場合には、通常の労働者が販売目標を達成した場合の半分を支給している。

ロ　A社においては、通常の労働者であるXは、短時間労働者であるYと同様の業務に従事しているが、Xは生産効率及び品質の目標値に対する責任を負っており、当該目標値を達成していない場合、待遇上の不利益を課されている。その一方で、Yは、生産効率及び品質の目標値に対する責任を負っておらず、当該目標値を達成していない場合にも、待遇上の不利益を課されていない。A社は、待遇上の不利益を課していることとの見合いに応じて、XにYに比べ基本給を高く支給している。

（問題となる例）

基本給の一部について、労働者の業績又は成果に応じて支給しているA社において、通常の労働者が販売目標を達成した場合に行っている支給を、短時間労働者であるXについて通常の労働者と同一の販売目標を設定し、それを達成しない場合には行っていない。

（３）基本給であって、労働者の勤続年数に応じて支給するもの

基本給であって、労働者の勤続年数に応じて支給するものについて、通常の労働者と同一の勤続年数である短時間・有期雇用労働者には、勤続年数に応じた部分につき、通常の労働者と同一の基本給を支給しなければならない。また、勤続年数に一定の相違がある場合においては、その相違に応じた基本給を支給しなければならない。

（問題とならない例）

基本給について、労働者の勤続年数に応じて支給しているA社において、期間の定めのある労働契約を更新している有期雇用労働者であるX

に対し、当初の労働契約の開始時から通算して勤続年数を評価した上で
支給している。

（問題となる例）

　　基本給について、労働者の勤続年数に応じて支給しているＡ社におい
て、期間の定めのある労働契約を更新している有期雇用労働者であるＸ
に対し、当初の労働契約の開始時から通算して勤続年数を評価せず、そ
の時点の労働契約の期間のみにより勤続年数を評価した上で支給してい
る。

（４）昇給であって、労働者の勤続による能力の向上に応じて行うもの

　　昇給であって、労働者の勤続による能力の向上に応じて行うものにつ
いて、通常の労働者と同様に勤続により能力が向上した短時間・有期雇
用労働者には、勤続による能力の向上に応じた部分につき、通常の労働
者と同一の昇給を行わなければならない。また、勤続による能力の向上
に一定の相違がある場合においては、その相違に応じた昇給を行わなけ
ればならない。

（注）

１　通常の労働者と短時間・有期雇用労働者との間に賃金の決定基準・ルー
ルの相違がある場合の取扱い通常の労働者と短時間・有期雇用労働者と
の間に基本給、賞与、各種手当等の賃金に相違がある場合において、そ
の要因として通常の労働者と短時間・有期雇用労働者の賃金の決定基準・
ルールの相違があるときは、「通常の労働者と短時間・有期雇用労働者と
の間で将来の役割期待が異なるため、賃金の決定基準・ルールが異なる」
等の主観的又は抽象的な説明では足りず、賃金の決定基準・ルールの相
違は、通常の労働者と短時間・有期雇用労働者の職務の内容、当該職務
の内容及び配置の変更の範囲その他の事情のうち、当該待遇の性質及び
当該待遇を行う目的に照らして適切と認められるものの客観的及び具体
的な実態に照らして、不合理と認められるものであってはならない。

２　定年に達した後に継続雇用された有期雇用労働者の取扱い

　　定年に達した後に継続雇用された有期雇用労働者についても、短時間・
有期雇用労働法の適用を受けるものである。このため、通常の労働者と
定年に達した後に継続雇用された有期雇用労働者との間の賃金の相違に
ついては、実際に両者の間に職務の内容、職務の内容及び配置の変更の
範囲その他の事情の相違がある場合は、その相違に応じた賃金の相違は

許容される。

さらに、有期雇用労働者が定年に達した後に継続雇用された者であることは、通常の労働者と当該有期雇用労働者との間の待遇の相違が不合理と認められるか否かを判断するに当たり、短時間・有期雇用労働法第8条のその他の事情として考慮される事情に当たりうる。定年に達した後に有期雇用労働者として継続雇用する場合の待遇について、様々な事情が総合的に考慮されて、通常の労働者と当該有期雇用労働者との間の待遇の相違が不合理と認められるか否かが判断されるものと考えられる。したがって、当該有期雇用労働者が定年に達した後に継続雇用された者であることのみをもって、直ちに通常の労働者と当該有期雇用労働者との間の待遇の相違が不合理ではないと認められるものではない。

2　賞与

賞与であって、会社の業績等への労働者の貢献に応じて支給するものについて、通常の労働者と同一の貢献である短時間・有期雇用労働者には、貢献に応じた部分につき、通常の労働者と同一の賞与を支給しなければならない。また、貢献に一定の相違がある場合においては、その相違に応じた賞与を支給しなければならない。

（問題とならない例）

イ　賞与について、会社の業績等への労働者の貢献に応じて支給しているＡ社において、通常の労働者であるＸと同一の会社の業績等への貢献がある有期雇用労働者であるＹに対し、Ｘと同一の賞与を支給している。

ロ　Ａ社においては、通常の労働者であるＸは、生産効率及び品質の目標値に対する責任を負っており、当該目標値を達成していない場合、待遇上の不利益を課されている。その一方で、通常の労働者であるＹや、有期雇用労働者であるＺは、生産効率及び品質の目標値に対する責任を負っておらず、当該目標値を達成していない場合にも、待遇上の不利益を課されていない。Ａ社は、Ｘに対しては、賞与を支給しているが、ＹやＺに対しては、待遇上の不利益を課していないこととの見合いの範囲内で、賞与を支給していない。

（問題となる例）

イ　賞与について、会社の業績等への労働者の貢献に応じて支給しているＡ社において、通常の労働者であるＸと同一の会社の業績等へ

の貢献がある有期雇用労働者であるYに対し、Xと同一の賞与を支給していない。

ロ　賞与について、会社の業績等への労働者の貢献に応じて支給しているA社においては、通常の労働者には職務の内容や会社の業績等への貢献等にかかわらず全員に何らかの賞与を支給しているが、短時間・有期雇用労働者には支給していない。

3　手当

（1）役職手当であって、役職の内容に対して支給するもの

役職手当であって、役職の内容に対して支給するものについて、通常の労働者と同一の内容の役職に就く短時間・有期雇用労働者には、通常の労働者と同一の役職手当を支給しなければならない。また、役職の内容に一定の相違がある場合においては、その相違に応じた役職手当を支給しなければならない。

（問題とならない例）

イ　役職手当について、役職の内容に対して支給しているA社において、通常の労働者であるXの役職と同一の役職名（例えば、店長）であって同一の内容（例えば、営業時間中の店舗の適切な運営）の役職に就く有期雇用労働者であるYに対し、同一の役職手当を支給している。

ロ　役職手当について、役職の内容に対して支給しているA社において、通常の労働者であるXの役職と同一の役職名であって同一の内容の役職に就く短時間労働者であるYに、所定労働時間に比例した役職手当（例えば、所定労働時間が通常の労働者の半分の短時間労働者にあっては、通常の労働者の半分の役職手当）を支給している。

（問題となる例）

役職手当について、役職の内容に対して支給しているA社において、通常の労働者であるXの役職と同一の役職名であって同一の内容の役職に就く有期雇用労働者であるYに、Xに比べ役職手当を低く支給している。

（2）業務の危険度又は作業環境に応じて支給される特殊作業手当

通常の労働者と同一の危険度又は作業環境の業務に従事する短時間・有期雇用労働者には、通常の労働者と同一の特殊作業手当を支給しなければならない。

（3）交替制勤務等の勤務形態に応じて支給される特殊勤務手当

　通常の労働者と同一の勤務形態で業務に従事する短時間・有期雇用労働者には、通常の労働者と同一の特殊勤務手当を支給しなければならない。

（問題とならない例）

　　イ　A社においては、通常の労働者か短時間・有期雇用労働者かの別を問わず、就業する時間帯又は曜日を特定して就業する労働者には労働者の採用が難しい早朝若しくは深夜又は土日祝日に就業する場合に時給に上乗せして特殊勤務手当を支給するが、それ以外の労働者には時給に上乗せして特殊勤務手当を支給していない。

　　ロ　A社においては、通常の労働者であるXについては、入社に当たり、交替制勤務に従事することは必ずしも確定しておらず、業務の繁閑等生産の都合に応じて通常勤務又は交替制勤務のいずれにも従事する可能性があり、交替制勤務に従事した場合に限り特殊勤務手当が支給されている。短時間労働者であるYについては、採用に当たり、交替制勤務に従事することを明確にし、かつ、基本給に、通常の労働者に支給される特殊勤務手当と同一の交替制勤務の負荷分を盛り込み、通常勤務のみに従事する短時間労働者に比べ基本給を高く支給している。A社はXには特殊勤務手当を支給しているが、Yには支給していない。

（4）精皆勤手当

　通常の労働者と業務の内容が同一の短時間・有期雇用労働者には、通常の労働者と同一の精皆勤手当を支給しなければならない。

（問題とならない例）

　A社においては、考課上、欠勤についてマイナス査定を行い、かつ、そのことを待遇に反映する通常の労働者であるXには、一定の日数以上出勤した場合に精皆勤手当を支給しているが、考課上、欠勤についてマイナス査定を行っていない有期雇用労働者であるYには、マイナス査定を行っていないこととの見合いの範囲内で、精皆勤手当を支給していない。

（5）時間外労働に対して支給される手当

　通常の労働者の所定労働時間を超えて、通常の労働者と同一の時間外労働を行った短時間・有期雇用労働者には、通常の労働者の所定労働時

間を超えた時間につき、通常の労働者と同一の割増率等で、時間外労働に対して支給される手当を支給しなければならない。

（6）深夜労働又は休日労働に対して支給される手当

　　通常の労働者と同一の深夜労働又は休日労働を行った短時間・有期雇用労働者には、通常の労働者と同一の割増率等で、深夜労働又は休日労働に対して支給される手当を支給しなければならない。

（問題とならない例）

　　A社においては、通常の労働者であるXと時間数及び職務の内容が同一の深夜労働又は休日労働を行った短時間労働者であるYに、同一の深夜労働又は休日労働に対して支給される手当を支給している。

（問題となる例）

　　A社においては、通常の労働者であるXと時間数及び職務の内容が同一の深夜労働又は休日労働を行った短時間労働者であるYに、深夜労働又は休日労働以外の労働時間が短いことから、深夜労働又は休日労働に対して支給される手当の単価を通常の労働者より低く設定している。

（7）通勤手当及び出張旅費

　　短時間・有期雇用労働者にも、通常の労働者と同一の通勤手当及び出張旅費を支給しなければならない。

（問題とならない例）

　イ　A社においては、本社の採用である労働者に対しては、交通費実費の全額に相当する通勤手当を支給しているが、それぞれの店舗の採用である労働者に対しては、当該店舗の近隣から通うことができる交通費に相当する額に通勤手当の上限を設定して当該上限の額の範囲内で通勤手当を支給しているところ、店舗採用の短時間労働者であるXが、その後、本人の都合で通勤手当の上限の額では通うことができないところへ転居してなお通い続けている場合には、当該上限の額の範囲内で通勤手当を支給している。

　ロ　A社においては、通勤手当について、所定労働日数が多い（例えば、週4日以上）通常の労働者及び短時間・有期雇用労働者には、月額の定期券の金額に相当する額を支給しているが、所定労働日数が少ない（例えば、週3日以下）又は出勤日数が変動する短時間・有期雇用労働者には、日額の交通費に相当する額を支給している。

（8）労働時間の途中に食事のための休憩時間がある労働者に対する食費の

負担補助として支給される食事手当

短時間・有期雇用労働者にも、通常の労働者と同一の食事手当を支給しなければならない。

（問題とならない例）

A社においては、その労働時間の途中に昼食のための休憩時間がある通常の労働者であるXに支給している食事手当を、その労働時間の途中に昼食のための休憩時間がない（例えば、午後2時から午後5時までの勤務）短時間労働者であるYには支給していない。

（問題となる例）

A社においては、通常の労働者であるXには、有期雇用労働者であるYに比べ、食事手当を高く支給している。

（9）単身赴任手当

通常の労働者と同一の支給要件を満たす短時間・有期雇用労働者には、通常の労働者と同一の単身赴任手当を支給しなければならない。

（10）特定の地域で働く労働者に対する補償として支給される地域手当

通常の労働者と同一の地域で働く短時間・有期雇用労働者には、通常の労働者と同一の地域手当を支給しなければならない。

（問題とならない例）

A社においては、通常の労働者であるXについては、全国一律の基本給の体系を適用し、転勤があることから、地域の物価等を勘案した地域手当を支給しているが、一方で、有期雇用労働者であるYと短時間労働者であるZについては、それぞれの地域で採用し、それぞれの地域で基本給を設定しており、その中で地域の物価が基本給に盛り込まれているため、地域手当を支給していない。

（問題となる例）

A社においては、通常の労働者であるXと有期雇用労働者であるYにはいずれも全国一律の基本給の体系を適用しており、かつ、いずれも転勤があるにもかかわらず、Yには地域手当を支給していない。

4　福利厚生

（1）福利厚生施設（給食施設、休憩室及び更衣室をいう。以下この（1）において同じ。）

通常の労働者と同一の事業所で働く短時間・有期雇用労働者には、通常の労働者と同一の福利厚生施設の利用を認めなければならない。

（2）転勤者用社宅

　　通常の労働者と同一の支給要件（例えば、転勤の有無、扶養家族の有無、住宅の賃貸又は収入の額）を満たす短時間・有期雇用労働者には、通常の労働者と同一の転勤者用社宅の利用を認めなければならない。

（3）慶弔休暇並びに健康診断に伴う勤務免除及び当該健康診断を勤務時間中に受診する場合の当該受診時間に係る給与の保障（以下この（3）、第4の4（3）及び第5の2（3）において「有給の保障」という。）

　　短時間・有期雇用労働者にも、通常の労働者と同一の慶弔休暇の付与並びに健康診断に伴う勤務免除及び有給の保障を行わなければならない。

（問題とならない例）

　　A社においては、通常の労働者であるXと同様の出勤日が設定されている短時間労働者であるYに対しては、通常の労働者と同様に慶弔休暇を付与しているが、週2日の勤務の短時間労働者であるZに対しては、勤務日の振替での対応を基本としつつ、振替が困難な場合のみ慶弔休暇を付与している。

（4）病気休職

　　短時間労働者（有期雇用労働者である場合を除く。）には、通常の労働者と同一の病気休職の取得を認めなければならない。また、有期雇用労働者にも、労働契約が終了するまでの期間を踏まえて、病気休職の取得を認めなければならない。

（問題とならない例）

　　A社においては、労働契約の期間が1年である有期雇用労働者であるXについて、病気休職の期間は労働契約の期間が終了する日までとしている。

（5）法定外の有給の休暇その他の法定外の休暇（慶弔休暇を除く。）であって、勤続期間に応じて取得を認めているもの

　　法定外の有給の休暇その他の法定外の休暇（慶弔休暇を除く。）であって、勤続期間に応じて取得を認めているものについて、通常の労働者と同一の勤続期間である短時間・有期雇用労働者には、通常の労働者と同一の法定外の有給の休暇その他の法定外の休暇（慶弔休暇を除く。）を付与しなければならない。なお、期間の定めのある労働契約を更新している場合には、当初の労働契約の開始時から通算して勤続期間を評価することを要する。

（問題とならない例）

　A社においては、長期勤続者を対象とするリフレッシュ休暇について、業務に従事した時間全体を通じた貢献に対する報償という趣旨で付与していることから、通常の労働者であるXに対しては、勤続10年で3日、20年で5日、30年で7日の休暇を付与しており、短時間労働者であるYに対しては、所定労働時間に比例した日数を付与している。

5　その他

（1）教育訓練であって、現在の職務の遂行に必要な技能又は知識を習得するために実施するもの

　教育訓練であって、現在の職務の遂行に必要な技能又は知識を習得するために実施するものについて、通常の労働者と職務の内容が同一である短時間・有期雇用労働者には、通常の労働者と同一の教育訓練を実施しなければならない。また、職務の内容に一定の相違がある場合においては、その相違に応じた教育訓練を実施しなければならない。

（2）安全管理に関する措置及び給付

　通常の労働者と同一の業務環境に置かれている短時間・有期雇用労働者には、通常の労働者と同一の安全管理に関する措置及び給付をしなければならない。

★ 参考資料2 定年後再雇用の処遇に関する判例

　いわゆる同一労働同一賃金に関する最近の判例のうち、定年後再雇用の処遇に関する判例をご紹介します。できるだけ平易な表現にしていますので、詳細を知りたい場合は、裁判所の判例検索等でお調べください。

■定年後再雇用　同業務ならば賃下げは「違法」？
　長澤運輸事件（最二小判・平成30.6.1・労判1179号34頁）

> 【概要】横浜市の運送会社でセメント運搬に従事していたトラック運転手の男性3人が、「定年後再雇用後、1年契約の嘱託社員となったが、定年前と同様の仕事（勤務時間・仕事内容、使う車両も同様）で勤務していたにもかかわらず、年収だけが2～3割減なのは違法」として訴えた。

定年後再雇用者の処遇については
ⅰ 定年後再雇用の嘱託社員と正社員とは賃金体系が異なること
　※長期雇用を前提とした正社員と、定年後再雇用の嘱託社員（短期雇用を前提）では賃金体系が異なる
ⅱ 定年時に退職金を支給していること
ⅲ 年金受給前は調整給を支払っていること
ⅳ 年収が、定年前の79％になるように配慮されていること

最高裁第二小法廷

> 定年後再雇用で仕事の内容が変わらなくても、給与（職務給等）や一部の手当（住宅手当等）や賞与を支給しないことは不合理ではない（ハマキョウレックス事件（最二小判・平成30.6.1・労判1179号20頁）のおける不合理か否かの3つの判断基準の内、「その他の事情」を重視）
>
> ただし、精勤手当（休日以外の全日に出勤したことへの手当）は、ハマキョウレックス事件の判断基準の一つ「業務の内容や責任の程度」に照らし合わせ、嘱託社員に支払わないのは不合理。時間外労働手当額等の検討について東京高裁に審理を差戻し

●コメント

　当判決には、従来から労使（労働組合）が話し合いを続け、処遇改善を図ってきた等のバックグラウンドもあり、単純に「定年後再雇用だから賃金ダウンが認められる」とするには無理があります。今後も同種の訴えは増加するでしょうし、パートタイム・有期雇用労働法第9条（均等待遇）との関連が問題となる可能性もあり、同一労働同一賃金ガイドラインにあるように、定年後に処遇を下げる場合は、「定年後再雇用であることのみをもって」ではなく、根拠をもって、均等均衡処遇を図るようにします。

■定年後再雇用　全く別の業務の提示は違法？

トヨタ自動車事件（名古屋高判・平成28.9.28労判1146号22頁）

【概要】自動車会社で事務職だった元男性社員（63）が、定年後再雇用に際して、会社側から清掃業務を提示されたのは不当だとして、同社に200万円の損害賠償と事務職としての再雇用を求めていた。男性は、大学卒業後、自動車会社に入社、2013年7月に定年退職していた。

名古屋高裁は、請求を棄却した名古屋地裁岡崎支部の判決（一審。2016年1月）を一部変更し、同社に約127万円の賠償を命じた。男性は事務職で最長5年の再雇用を求めたが、地位確認は認めなかった。

　会社は、2013年2月、定年を控えた男性に1年契約の清掃業務で1日4時間、時給1千円のパート勤務を提示、男性はそれを拒否していた。

名古屋高裁

会社は、男性が定年退職せざるを得ないように仕向けた疑いさえ生じるのであり、高年齢者雇用安定法の趣旨に反し、実質的に継続雇用の機会を与えたとは認められない。」とした。

そして全く別の業務の提示は、継続雇用の実質を欠き、通常解雇と新規採用に当たると判断。高年齢者の継続雇用を巡る裁判で企業の賠償責任が認められるのは異例。

ちなみに、一審では、男性は事務職で再雇用される基準を満たしていなかったとする会社側の主張を認め、男性の請求を退けていた。

●コメント

定年後再雇用者に担当させる業務（仕事）は、場合によっては、現役時代とは異なる職種等になる可能性もあるでしょう。その場合には、従来のキャリアの延長線上にある業務、または、従来のキャリアが役に立つ業務を担当させることが望ましいです。それでもなお、見当たらない場合は、あらかじめ、定年前から新たな業務遂行までのプロセスを作り、その業務にスムーズに移行できるよう教育訓練していきます。

■定年後再雇用　賃金ダウン75％は不法行為であり違法？

九州惣菜事件（福岡高判・平成29.9.7労判1167号49頁）

【概要】北九州の食品の加工販売会社の経理社員が、「再雇用の条件として、賃金を25％相当に減額する提案をしたのは不法行為である」として提訴、福岡高裁は、会社に慰謝料100万円の支払いを命じた。女性は、経理担当者で、定年前は月給約33万円、定年後再雇用の提示額は、パートタイム労働で時給換算で約25％相当額であった。定年後再雇用の賃金ダウンを不法行為とした判決が確定したのは初めて。判決は2017年9月7日付。会社双方が上告したが、最高裁が2018年3月1日にいずれも不受理としたため、判決が確定した

福岡高裁

65歳までの雇用確保を企業に義務付けた高年齢者雇用安定法の趣旨に沿えば、定年前と再雇用後の労働条件に「不合理な相違が生じることは許されない」とし、「生活への影響が軽視できないほどで、高年齢雇

用安定法の趣旨に反し、違法」とした。

ただし、原告と会社が再雇用の合意に至らなかったため、定年後の従業員としての地位確認や逸失利益の賠償請求は退けた

● コメント

　同一労働同一賃金ガイドラインにもあるように、「定年後再雇用であることのみをもって」賃金を下げることは問題が生じます。まして、同じ職務等である場合に、定年前賃金の75％ダウンは到底受け入れ難いでしょう。

　「高年齢者等職業安定対策基本指針」（平成24年11月7日厚生労働省告示第559号）においても、「継続雇用制度を導入する場合における継続雇用後の賃金については、継続雇用されている高年齢者の就業の実態、生活の安定等を考慮し、適切なものとなるよう努めること」とされており（高年齢者就業確保措置の実施および運用に関する指針においても同様）、いわゆる最高裁の判旨にある「その他の事情」を考慮してもなお、ある程度納得感の得られる、バランスの取れた処遇にしていくことが重要です。

■定年後再雇用　職務変わらずも、賃金が60％下回るのは違法？

名古屋自動車学校事件（名古屋地判・令和2.10.28労判1233号5頁）

【概要】名古屋の自動車学校の定年後再雇用職員2名が訴えた。定年後65歳まで嘱託職員として技能教習を担当。仕事の内容や責任の範囲は定年前と変わらない一方、基本給は定年前の月額16万～18万円から7万～8万円ほどに下がった。定年後再雇用職員の処遇について、定年前後で職務内容および変更の範囲に相違がないにもかかわらず、嘱託社員一時金は若手正職員の賞与をも下回り、かつ、賃金総額が正社員定年時の60％を下回る。労使の話し合いの結果でもなく、退職金を受けていることや要件を満たせば、高年齢雇用継続給付や報酬比例部分の老齢厚生年金を受給できる等その他の事情を鑑みても、均衡均等の原則に反する（労働契約法第20条に反する）として、訴えたもの。

名古屋地裁

原告ら嘱託職員の基本給が正職員定年退職時の基本給の60％を下回る限度で、労働契約法20条にいう不合理と認められるものに当たるという判断を下した。
※賞与についても正職員との間の待遇差が不合理であると判断された。年功的性格があることから将来の増額に備えて金額が抑制される経験の浅い、若い正職員の基本給すら下回っており、生活保障の観点からも看過しがたい水準に達しているとし、再雇用の際に賃金に関する労使の合意がなかった点も挙げ、定年直前の基本給の6割を下回るのは不合理な待遇格差に当たると結論づけた。

●コメント

　基本的には、九州惣菜事件と同様です。

　ただし、ここで気をつけたいのは、この判旨での「60％」が独り歩きしてしまい、定年後再雇用の処遇は定年前賃金の60％をクリアできていれば問題ないだろうという経営者がいらっしゃいますが、そういうことではありません。

　裁判には、それぞれ背景があり、ケースバイケースで判断が下されます。したがって、やはり、パートタイム・有期雇用労働法の均衡均等処遇を意識しつつ、納得感のある処遇を構築することが重要です。

第 5 章

高年齢者雇用の在り方
〜具体的な制度設計対応〜

　少子高齢化、労働力人口の減少、70歳定年法の施行、雇用保険法や労災保険法および年金法の改正、パート・有期雇用労働法の施行、ジョブ型雇用への移行等働き方そのものの変遷の中で、今、会社は何を考え、何をすべきなのでしょうか。

　中小企業にとっては、人の獲得、人「財」の育成、働きがいのある雇用環境の整備等、多くの課題が山積しています。特に、人「財」の育成や働きがいのある雇用環境の整備（処遇の構築）はすぐに着手すべき喫緊の課題です。

1　労働者の側から見た環境整備の必要性

（1）高年齢者の人生設計に対する考え方

　70歳定年法が施行されたことも相まって、長く働きやすい職場作りが注目されています。平均寿命も年々伸びていく中で、人生100年を考えると、経済的な安心だけでなく、規則正しい生活の下で働くことによる健康維持、仕事を続けることによる社会との繋がりを求める人が多くなります。

　筆者は、55歳前後からの人生を考えるときに必要な3つのこととして、次のことが挙げられると考えています。これを会社からの視点に置き換えれば、働きがいのある雇用環境の整備の必要性が見えてきます。

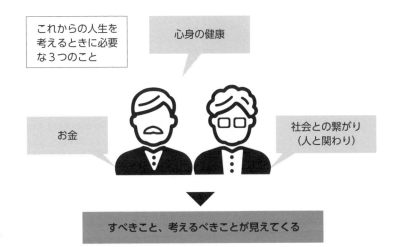

さらに、興味深い調査もあります。一般社団法人 定年後研究所が定年制度のある会社に勤務している40代と50代男女、および、定年制度のある会社に勤務し60歳以降も働いている60代前半男女、合計516人を対象に実施したアンケート調査（2019年6月4日）によると、「70歳定年」（70歳定年あるいは雇用延長）について「とまどい・困惑を感じる」（38.2％）や「歓迎できない」（19.2％）と回答した「アンチ歓迎派」は57.4％で、「歓迎する」と回答した「歓迎派」の42.6％を上回っています（定年後研究所ニュースレター VOL01 2020年7月2日発行　「70歳雇用を推進する背景と今後の課題は？」）。

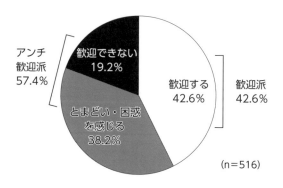

出典：「70歳定年に関する調査」（2019年、（一社）定年後研究所）

　しかしながら、現実問題として、年金だけでは暮らせない事情、年金原資の枯渇問題、長生きのリスク等も表面化しています。そこで、会社には、高年齢者の働き方にも注目しつつ、人手不足や人「財」不足等の解消も見据え、現役層社員とのバランスを考慮しつつ、高年齢者の働きがいのある雇用環境整備、つまりは、処遇の構築が必要なのです。

（2）現役層からみた高齢社員の処遇改善のメリット

　「妖精さん」と揶揄される働かない高齢社員や中高年齢社員が、世間で話題になったことをご存じでしょうか。このような高齢社員を出さないためにも、高齢社員の適正な処遇設定によるモチベーションアップは会社にとっても重要な課題であり、年齢層に関わらず重要なテーマです。

　さらに、新型コロナウイルスの影響で、テレワーク制度が急速に定着しつつあり、ジョブ型雇用の構築や処遇決定が急務となっています。そのような中で、「休まない、遅れない、働かない」等といった高齢社員にありがちな勤務態度は通用しなくなりました。「通勤＝仕事」

といった感覚は、どの年齢層であってもなくさなくてはなりません。

　現役層社員は昇進・昇格や昇給の可能性がある一方で、多くの会社では定年後再雇用社員には処遇アップの仕組みがないのが実情です。もちろん、総人件費の問題、それに伴い会社が負担する社会保険料等の法定福利費、さらには現役層社員、特に若年社員の囲い込みのための処遇改善の必要性が高いことは理解できます。したがって、一律の処遇改善は難しいとしても、ジョブによるまたは評価による賃金決定・改定を明確にし、効率よく、会社が求める働きをした高齢社員には昇給を実現する仕組みが絶対不可欠です。ちなみに、「妖精さん」のような社員が生まれるのは、もちろん社員本人の責任もありますが、会社の責任も否めません。

　定年後再雇用の社員がイキイキと仕事に向きあい、正当に評価された処遇を受ける姿は、現役層社員からも歓迎されるでしょうし、将来の我が身に置き換えたとき、現在のモチベーションを維持する力にもなり得ます。高齢社員の適正な処遇作りは、高齢社員にとっても現役層社員にとってもWIN−WINの体制作りになるはずです。

ポイント
● 企業は人「財」の育成と働きがいのある雇用環境の整備に即着手すべきである
● 高齢社員にも評価にあった処遇を用意することがモチベーションアップにつながる
● 高齢社員の処遇（雇用）改善は、高齢社員だけのメリットではなく、現役層社員にも良い効果を及ぼすものである

2 高齢社員の戦力化を見込んだ現役時代からの人「財」育成

（1）人「財」不足と会社の育成への考え方

　人手不足と人「財」不足は意味が違います。いうなれば、人手は足元の問題であり、人「財」は時間をかけて作りだす、将来に向かった財産です。会社にあっては双方とも重要な課題ですが、未来永劫、会社が存続するためには、迷わず、今こそ、人「財」作りに着手すべきです。

　人「財」は一日にしてならず、です。年月をかけるからこそ、貴重な財になります。長年働いてきた高齢社員は本来、自社にとって人「財」となっているはずです。ここでいう人「財」とは、経験、知識、スキル等が財産として身に付いていて、しかも世の中の動きに敏感で、順応性・適合力を持ち合わせている社員のことです。更にいえば、自社の社風や考え方を熟知し、急なアクシデントにも対応できる社員です。長年、時流に適応して働いてきた高齢社員であれば、そのような人「財」が育っているはずです。ところが現状はどうでしょう。是非とも自社に残り、いくらでも給料を出すから、できるだけ長く働いてほしいような、喉から手が出るほどの人「財」がどのくらい存在するでしょうか。もし、その割合が少ないとすれば、それは、もちろん、労働者本人の仕事に対する意識の問題も多々ありますが、なにより、会社が本気で社員を人「財」となるように育てなかったことの結果ではないでしょうか。

（2）現役層からの人「財」育成が重要

　すでに定年前後の年齢に達している社員については、多くの場合、今後の処遇は、今のその人が持っている業務スキルや資質で判断することになるのかもしれません。もちろん、本人のやる気と会社のバッ

クアップによっては業務替えやより高度な業務スキルに前進すること
もあり得ますが、少なくとも、これから10年20年かけての人「財」
作りはできません。70歳定年法が施行され、老齢の年金の支給開始
年齢の繰下げも現実味を帯びてきた今だからこそ、まずは、シニア予
備軍である現役層の教育をしっかりとしていくべきです。高年齢者雇
用を単なる雇用確保や就業確保の場とするのではなく、戦力として活
用するために、今こそ、現役層からの人「財」育成を開始すべきです。
　中小企業では、その利点を活かして、会社と社員との意思疎通を図
れる距離感を保ちつつ、リスキリングを推進していきます。

（3）副業・兼業による人「財」育成

　副業・兼業を推進することにより、担当する業務のレベルアップを
図るという策も考えられます。ただし、副業・兼業の場合であって、
副業・兼業先との契約が雇用契約である場合には、社員は副業・兼業
先の会社でも労働者となり、第3章で述べた通り、あらかじめ検討す
べき多くの課題があります。よって、現状においては、業務委託とい
う形でのみ、副業・兼業を許可する会社もあります。
　一方で、他社の社員を、副業・兼業先として受け入れることも一考
の価値があります。特に中小企業は閉鎖的な環境となることも多く、
時に業務改善等が進みにくい状況があります。同時に他社経験を積む
人の業務遂行を目の当たりにすることにより、自社の人「財」育成に
も効果をもたらします。ただし、ここでも、雇用契約とする場合は、
第3章で述べたような労働時間の通算問題等の対応課題があります。

（4）人「財」育成の目的

　高年齢者雇用を念頭に入れた人「財」育成の目的は、会社がその時々
に必要とし求める業務をこなせるスキルを持つ社員になってもらうこ

とです。それは現役層社員の人「財」育成の目的とは異なります。

　いうなれば、肩書き等にこだわらず、「この分野（この仕事、この
ビジネス）のことなら、××さんに聞け！」と言われるプロフェッショ
ナルな人材＝「人財」の育成です。

図表　高齢社員に求められる"人財"

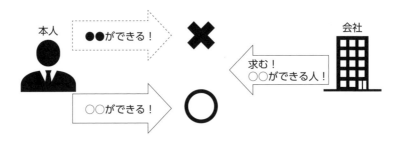

✒ コラム　リスキリングとは

　リスキリングとは、社員が社内で新たな業務に就けるよう
にするための再教育で、仕事を続けながら自らのスキルを継
続してアップデートしていくことをいいます。特に、急進展
しているデジタルトランスフォーメーション（DX）に合わ
せた実践的な職業訓練を指すことが一般的なのですが、ここ
では、広義でのリスキリング（Re Skilling）を指します。

　従来の研修は、若手社員向けの職業訓練が主流であって、
中堅以上のベテラン社員向けの研修は、個人ベースの自発的
努力に頼るところが多くありましたが、DXが進展すれば、
多くの仕事が消えるとされる一方で、同時に、消える仕事以
上に新たな仕事が生まれるともいわれています。以上につい
ては、日本経済団体連合会「新成長戦略」（2020年11月
17日）においても「企業のDXに伴い社内で新たに生まれ
る業務に人材を円滑に異動させるため、リスキリングも必要
となる。」「DXに伴う産業構造の転換により、衰退し、失わ
れる業種・職種がある一方、新たに生み出され、成長する業
種・職種もある。重要なのは、失われる雇用から新たに生ま
れる雇用へ、円滑に労働力の移動が図られるよう支援する環
境の整備である。」との指摘がされています。全社員を対象に、
データ分析のノウハウ等を習得させるためのリスキリング教
育を行う会社もあります。

※リスキリングとよく似た言葉に、「リカレント教育」があります。
　「リカレント教育」とは通常、キャリアを中断して学校等に入り
　なおすこと意味します。一方、リスキリングは仕事を続けながら、
　自分のスキルをアップデートさせることを指すとされています。

（5）高齢社員に何を求めるのか～役割の決定～

　会社が高齢社員の雇用環境整備（処遇の決定）を考えるとき、もっとも重要なのは、自社における、高齢社員に求める役割の決定です。会社、高齢社員および若年層（現役）世代社員の本来あるべき姿を、自社で想定してみることが大事です。そこから、自社の高齢社員に求める役割が見えてきます。

図表　本来あるべき姿の例

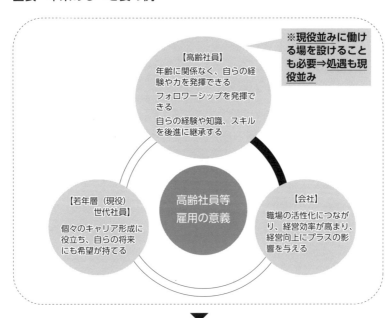

会社が自社の高齢社員に求めるものは何か？

　高齢社員に求める役割は、一般的には次のⅰからⅲの３つが考えられます。もちろん、会社や経営者の考えによっては他の役割もあるでしょう。もしそれが出てくれば、自社独自の高年齢者雇用となり、より優れた処遇の構築が完成します。

> ① 模範的フォロワーシップの役割を期待する
>
> ② 現役並みの仕事（役割）を期待する
>
> ③ 従来からある業務のうち、高齢社員が担当する業務を明確に
> し、担当業務（ジョブ）のスムーズな遂行を期待する

①模範的フォロワーシップの役割を期待する

　模範的フォロワーシップとは、カーネギーメロン大学のロバートケリー教授が提唱したものといわれています。社員にはリーダーシップが必要ですが、その社員がリーダーシップを発揮できる環境を整えるためには、模範的フォロワーシップが必要とされています。たとえば、現役層社員が先導切って新しい仕事にチャレンジした際に困難な状況に陥ったとき、自らの過去の経験や幅広い知識および情報力を持ち、さらに自社の経営方針や対応策を理解する高齢社員の模範的フォロワーシップが力を発揮します。

図表　模範的フォロワーシップ

> ➤ リーダーシップからフォロワーシップへのスムーズな移行をめざします
>
> ➤ シニア社員に求められる「模範的フォロワーシップ」を発揮します
>
> 　**※フォロワーシップ**
> ・「The power of followership」（カーネギーメロン大学　ロバートケリー教授）和訳すると「部下の力」
> ・**模範的フォロワーシップとは、「貢献度が高く批判力も高いフォロワー」**のこと。組織的成功に対するリーダーの平均的貢献度は20%、残りの80%はフォロワーの貢献であるとしている
>
> ➤ 具体的には、現役世代へ技能・スキル等の継承育成、豊富な社外人脈や営業力・折衝力面等で発揮することができます

▼

「リーダーシップ」⇒「**模範的フォロワーシップ**」

②現役並みの仕事を期待する

役職も仕事内容もすべて現役層社員と同じように期待します。したがって、処遇も現役並みまたはそれ以上を用意することになります。このような立場の高齢社員が存在することは、高齢社員自らの満足度・充実度はもとより、現役層社員にとっても、将来にわたってのモチベーションアップにもつながります。

③従来からある業務のうち、高齢社員が担当する業務を明確にし、担当業務のスムーズな遂行を期待する

現在の高年齢者雇用では、このパターンが比較的多いのではないでしょうか。

ここでは、現役層社員を含めたすべての業務を抽出し、高齢社員に担ってもらう業務を明確にします。

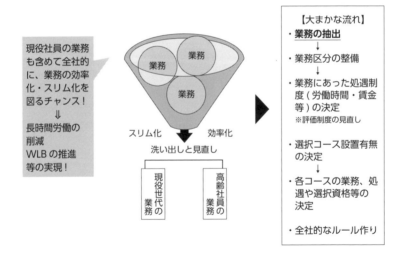

実は、この抽出作業には高齢社員の担当業務を明確にするという本来の目的の他に、その作業過程において、今まで表面化していなかっ

た無駄な業務や重複した業務をスリム化、効率化させることができる
メリットもあります。その結果、社員の長時間労働の削減、ワークラ
イフバランスの実現、さらには、現役層社員には新たな分野の仕事に
チャレンジする余裕も生まれます。

　このように、まず、高齢社員の役割を決定します。
　会社によっては、①から③のすべてを高齢社員の役割と位置づけ、
複数の選択コースを作る、または、③のみに集約し、ジョブごとに複
数の選択コースを作る等があるでしょう。

　高齢社員に求める役割が決定したら、会社は高齢社員に対して、ど
のような役割を期待するのかを発信します。実は、社内での自らの役
割を理解できずにいる高齢社員も多いのです。マインドチェンジが必
要だといわれても、行く手が明確でないと迷ってしまうのです。その
うちに、昨日の部下が今日の上司となり、さらにドツボにはまってし
まう高齢社員を見受けることがあります。そして、先に述べたような
妖精さんや「通勤＝仕事」のような働き方になってしまうこともある
のです。

　①の内容に関連して、清涼飲料販売会社サントリーフーズが導入して話題になった、定年後再雇用社員への役割制度をご紹介します。かつて部下を評価する立場だった部長経験者等に、定年後再雇用では若手の現役層社員のフォロワーシップを担当してもらうというものです。

　サントリーグループは、2013年に、定年年齢を60歳から65歳に延長しています。そのため、現役社員としての役職を終えてから定年までの期間が延び、「高齢者社員の戦力化」が喫緊の課題となっていました。TOOの活躍は現役層社員にも受け入れられ、今やOTTを目標にという現役層社員も登場し、相乗効果でTOO自身もやりがいを感じ、自らの役割をバージョンアップしているようです。TOOの活躍は、高齢社員の処遇に悩む企業にも参考になりそうです。

■高齢社員の「役割」の明確化、「居場所」の確保を実現する施策例

サントリーフーズの例

【「TOO」として人事発令】
（となりのおせっかいなおじさん＆おばさん）

・若手からの相談に応じる役割を担う
・若手に気づきを与える役割を担う
・評価する立場にない⇒評価権限がないので、若手も相談し易い
・相乗効果により、職場環境を向上させる役目も果たす
・シニアと若手がちょうどよい距離感を保てることができ、シニアの居場所の確保にもつながる
・シニアにとって、人と接することで刺激になり、新たな発想やモチベーションにつながる
・若手にとっても、目的意識を再確認するチャンスとなる⇒モチベーションアップ

（6）60歳後（定年後）の処遇（賃金）制度見直しの必要性

　高齢社員の働きがいのある雇用環境整備を具体化すると、その主たるものは、処遇の構築であり、具体的には、60歳後（定年後）の処遇（賃金）制度の見直しとなります。その理由として次のようなことがあげられます。

・2025年度から、男性の老齢厚生年金の支給開始年齢が65歳となり、65歳まで年金収入がなくなること　（女性は2030年度）
　※第3章参照
・高年齢者雇用安定法において、希望者全員が65歳まで働けるようになること（労使協定による経過措置が終了）
・中小企業を含めてパート・有期雇用労働法の完全施行に至り、均衡均等・同一労働同一賃金の考え方が浸透し、訴訟等も出てくることが想定されること
・人手不足
・人「財」不足
・特に中小企業では、若手への技能継承ができる人材が不足していること
・少子化で今後も引き続き労働力が減少すること
・世の中の動きとして、メンバーシップ型からジョブ型雇用に推移する中で、従来の年功序列処遇から、ジョブそのものの価値に応じた処遇設定をしようとする会社が増えてきたこと

　このような状況から、賃金等の処遇決定に対し、しっかりと向き合う必要性を感じている会社が少なくありません、そこには、高年齢雇用継続給付を最大限活用できるように、60歳定年後の賃金を60歳到達時の61％に設定する等といった高年齢雇用継続給付に左右され

ない制度設計が求められています。さらに、処遇制度の見直しを機に、高年齢者雇用を高齢社員の戦略化に繋げようとする会社も増えています。つまりは、単に、雇用上限年齢を引き上げるだけでなく、働く意欲につながる仕組み作りが必要になります。

○高齢社員の処遇の在り方〜「雇用確保」から「戦略化」へ〜

　ここまで、高齢社員の処遇について、年金法や雇用保険法、労災保険法の改正、70歳定年法とそれらの影響を述べ、高齢社員の処遇改善の必要性と考慮すべき事項を述べてきました。

　会社は今、高年齢者雇用について、定年を60歳のままにするのか、65歳以後まで延長するのか、または定年制度そのものを廃止するのか、選択定年制を導入するのか等の判断を迫られています。ただ、それらの対応はいったんスタートすると、相当な理由がない限り、すぐにやめることはできません。よって、しっかりとした検討が必要となります。

　検討される施策は、業種・企業規模・社員の年齢構成、経営方針その他諸事情により異なります。ですが、今後も労働力人口が減少し、少子高齢化が進み、年金の支給開始年齢も近い将来先延ばしになることが想定される中にあって、会社が、高年齢者雇用を「年金受給までのつなぎ」「法令遵守のための会社の義務」「若手への技能承継」さらには「単なる人手不足の補充」としてのみ捉えることは、すでに時代に沿った考え方ではないといえるでしょう。高年齢者雇用は「単なる活用」から「戦略化」へと変わり始めています。

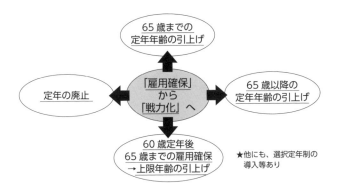

　独立行政法人高齢・障害・求職者雇用支援機構からも65歳超雇用推進マニュアルが公開されています。

★　高齢社員の戦力化のための7つのポイント

①できるだけ、これまでの経験を活かせる職務であること

②職務や職責を変えない（役職を変えない）場合の賃金設定をどうするか

・賃金を低くする場合には、その理由付けを明確にする

・適正な評価に基づき処遇を行う

③職務や職責を変える場合の納得性が必要

・役割や求める質・量等を明確に伝える

・職務・職責に見合った賃金を提示する

・自分のキャリアを振り返り、先に進む研修等を実施する

④モチベーションアップ策を練る

⑤職場において、「居場所」を作る。常にコミュニケーションが図れる環境を整備する

⑥特に、ホワイトカラー管理職の対応は難しい

※間接部門で、肩書きに基づき部下に指示する仕事であって、比較的高収入

→1人のプレーヤーとしての仕事をしてもらうための施策が必要、気持ちの切り替え（マインドチェンジ）も重要

→研修の実施

⑦人事制度は、トップや経営者のみの考えに基づくのではなく、できる限り、職場や現場の意見を聞きつつ構築する。一度作っても、常に見直す、PDCAが必要

出典：「65歳超雇用推進マニュアル〜高齢者の戦力化のすすめ〜（その3）」（独立行政法人高齢・障害・求職者雇用支援機構）
https://www.jeed.go.jp/elderly/data/q2k4vk000000tf3f-att/q2k4vk0000024uj4.pdf

ポイント

●高齢社員を、人手不足の対応としてではなく、人「財」として雇用すべきである

●人「財」化が進んでいない場合には、すぐにでも人「財」育成に着手すべきである

●高齢社員の雇用環境整備に必要なのは、「役割」の決定である。たとえば、リーダーシップから模範的フォロワーシップへの移行などもその一つである

●戦略化できている高齢社員には、現役層社員並みの役割と処遇を用意すべきである

●高齢社員の雇用を「雇用確保」から「戦略化」に移行する一方で、同時に、高齢社員の処遇（賃金など）制度の見直しが急務であり、厚生労働省のマニュアル等を参考にしながら、制度設計に取り組むことが必要である

Ⅱ　具体的な処遇制度設計の考え方

1　処遇制度導入の具体的な流れ

　具体的に処遇制度の設計を検討する手順としては、厚生労働省から公表されている「65歳超雇用推進マニュアル」において定年年齢の引き上げや継続雇用延長を進める手順について示されており、実務としても参考となります。マニュアルでは、具体的な手順として、以下の順番で行うことが望ましい旨の解説がされています。

図表　定年年齢の引上げや継続雇用延長を進める手順

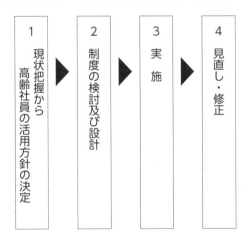

1　現状把握から高齢社員の活用方針の決定
2　制度の検討及び設計
3　実施
4　見直し・修正

参考：「70歳雇用推進マニュアル〜高齢社員戦力化のススメ〜」（独立行政法人高齢・障害・求職者雇用支援機構）
https://www.jeed.go.jp/elderly/data/q2k4vk000000tf3f-att/q2k4vk000003om56.pdf
「65歳超雇用推進マニュアル〜高齢者の戦力化のすすめ〜（その3）」（独立行政法人高齢・障害・求職者雇用支援機構）
https://www.jeed.go.jp/elderly/data/q2k4vk000000tf3f-att/q2k4vk0000024uj4.pdf

（1）「準備段階」 現状把握から高齢社員の活用方針の決定

まずは情報収集と現状把握から始めます。

① 情報収集

　高年齢者雇用に関する法や法改正等、また、助成金等の国の支援も調べておきましょう。法改正については、第2章をご覧ください。また、国が推進する施策についての助成金は比較的受給しやすくなっています。なお、助成金によっては、あらかじめ計画申請し認定を受けておかなければならないものもあり、高年齢者雇用や処遇の見直しを開始する前に調べておきましょう。さらに、65歳定年制や定年廃止等、他社事例等も参考になります。同業他社、同規模の企業等の施策や動向を調べます。また、最近はユニークなシステムで高年齢者活用を進める企業もあります。

② 現状把握

　自社の現状を把握します。

　i　今の制度はどうなっているのか

・定年制度はどうなっているか（定年年齢、運用状況、役職定年制？）

・継続雇用制度はどのようになっているか（再雇用か勤務延長か、上限年齢の設定、要件、職務内容、賃金、勤務日数、勤務時間、評価のしかた、運用状況等）

　※　運用状況や社員がどう受け止めているか等も把握します。

　ii　高年齢者活用に対する社風等現状を知る

・高齢社員を戦略化する風土はあるか

・戦力化できる仕組みがあるか

・高齢社員が力を発揮でき、さらに働きやすい職場になっているか

・高齢社員に必要な働きかけをしているか

※　自社の課題がどこにあるかを簡易に自己診断できる「雇用力
診断ツール」が公開されています。(「高齢社員戦力化のための
人事管理制度の整備に向けて」(独立行政法人高齢・障害・求
職者雇用支援機構))

https://www.jeed.go.jp/elderly/data/q2k4vk000002qbi0-
att/q2k4vk000003kim1.pdf

iii　検討のベースとなる実態を把握する

業況 (経営状況や景気の動向)、人材の需給バランス、社員の
年齢構成 (現在/5 年後/10 年後)、高齢社員の人数および配置実
態等を把握します。

③　①②を踏まえ現状把握をし、課題がみえてきたら、準備段階の仕上げ

i　トップや経営者が課題を理解し、高年齢者の戦略化に関与し、
取り組むことを明確にする

ii　全社員に高齢社員の戦略化を周知し、高齢社員への期待を明確
にし、全社一丸となって取り組む体制を作る。プロジェクトの発
足、全社員を巻き込み、人事と現場との協力体制を作り、より良
い制度を構築する推進体制を整える

iii　高齢社員の活用方針の決定

定年後も現役並みに働いてもらうのか、現役層のサポートに
回ってもらうのか、複数の目的をかなえるための複線コースにす
るのか等、高齢社員の活用方針を決定します。

(2) 制度の検討および設計

どのような制度をめざすかによって、検討すべき事項が決まってき
ます。

① 定年引上げに当たって検討すべき事項

①定年年齢	何歳まで引き上げる？
②引上げ方	一度に？段階的に？
③定年年齢の決定方法	一律か？定年年齢を選択制か？
④対象者	社員全員？職種別？管理職は？
⑤仕事	60歳以降社員に担当してもらう仕事は？
⑥役割	60歳以降社員に期待する役割は？
⑦役職	60歳以降社員の役職は？
⑧労働時間	60歳以降社員の労働時間は？フルタイムフルデイ？短時間もあり？時間帯は？
⑨配置・異動	60歳以降社員の配置・異動は？（選択コースもあり？）
⑩評価	60歳以降社員の人事評価・業績評価はどうする？
⑪賃金	60歳以降の賃金は？60歳前の賃金も見直す？
⑫退職金	退職金はどうする？いつまで積立て？いつから支払う？
⑬65歳以降の雇用	65歳以降の継続雇用はどうする？
⑭その他	いつから運用開始？等

② 65歳以降の継続雇用延長に当たって検討すべき事項

①上限年齢	何歳まで引き上げる？
②対象者	希望者全員？一定年齢以上に基準の有無は？
③仕事	65歳以降従業員に担当してもらう仕事は？
④役割	65歳以降従業員に期待する役割は？
⑤役職	65歳以降従業員の役職は？
⑥労働時間・勤務日数	65歳以降従業員の労働時間は？フルタイムフルデイ？短時間もあり？時間帯は ？勤務日数は？
⑦配置・異動	65歳以降従業員の配置・異動は？
⑧評価	65歳以降従業員の人事評価はどうする？
⑨賃金	65歳以降の賃金は？

出典：「65歳超雇用推進マニュアル〜高齢者の戦力化のすすめ〜（その3）」（独立行政法人高齢・障害・求職者雇用支援機構）
https://www.jeed.go.jp/elderly/data/q2k4vk000000tf3f-att/q2k4vk0000024uj4.pdf

このほか、70歳までの雇用確保を行う場合等の検討課題もあります。

　参考「70歳超雇用推進マニュアル～高齢社員戦力化のススメ～」

　　　　（独立行政法人高齢・障害・求職者雇用支援機構）

https://www.jeed.go.jp/elderly/data/q2k4vk000000tf3f-att/

q2k4vk000003n1kz.pdf

　ここまできて、どのような施策を実施するのかを決定します。

例）60歳から65歳に定年を引き上げる場合

・高齢社員にどのような仕事（業務）を担当してもらい、どのような役割を期待するか

・処遇（賃金・所定労働日数・所定労働時間・その他の処遇）はどうするか

・処遇は単一制度なのか、複線コース制度なのか。複線コースの場合は、どのようなコースを設定し、それぞれの基準をどうするか。どのように処遇にあてはめるか

・評価制度等どうするか

（3）実施

　高齢社員への役割の明示等の次のような施策を実施します。

　①　高齢社員に期待する役割の明示

　本人、上司、周囲の社員に対して、高齢社員に期待する役割について明示します。

　②　高齢社員の評価・面談・コミュニケーション

　①に基づいた評価、定期的な上司との面談、フィードバックを実施します。

　③　職域拡大・職務設計

　新たな職種の新設、新事業への進出等について検討します。

④　意識啓発や教育訓練の実施

　キャリアプランセミナーや教育訓練等を実施します。

⑤　マネジメント層に対する研修の実施

　高齢社員を管理する立場にある管理職に対して、研修を実施します。

⑥　社員全員に対する意識の啓蒙

　高齢社員の役割を全社員に明示する、高齢社員の活躍ぶりをきちんと評価する、全社員に対して、自らのライフキャリアについて早い段階から考える機会を提供する等、高齢社員活用に関する意識付けを行います。

⑦　安全衛生・健康管理支援

⑧　職場環境の整備等（作業環境、労働時間への配慮等）

⑨　シンボルシニアへの支援（シンボルとなるような高齢社員の支援）

（4）見直し・修正

　定年延長であっても、継続雇用制度であっても、定期的な見直しや修正は必要です。2021年4月施行の改正高年齢者雇用安定法（70歳定年法）では、当面は65歳から70歳までの就業機会確保は努力義務ですが、将来的には義務化されるといわれています。先を見越して、今こそ、高齢社員の戦略化をスタートさせるチャンスです。といっても、企業の大多数が60歳定年を適用している現状から、いきなり70歳定年を目指すには少し性急過ぎると感じる経営者がほとんどでしょう。ですので、多くの企業では、まず、人手不足や人「財」不足の状況により、60歳定年のまま65歳以後までの継続雇用制度を導入する、または65歳定年に移行し、さらに65歳以後の継続雇用制度を目指すということになるでしょう。

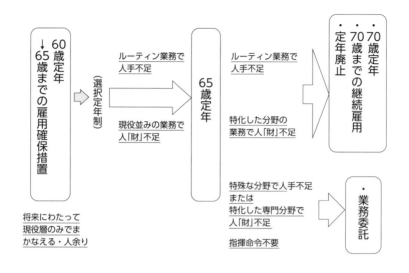

図表　高年齢者雇用を取り巻く企業対応

想定会社を基にした処遇制度導入検討の例

ここまで解説してきた1（1）から（4）までの手順について、想定会社を基に検討の流れや具体的な収集すべき情報の要素と評価の仕方に関する一例を示してみました。自社で検討する際の参考としてください。

想定会社）モノづくりの中小企業のモノづくり部門

●現状

　若い世代の社員が少ない。特殊分野であって、興味を持つ若者もおり、毎年一定数の採用はできるが、採用後の技能（スキル）習得プロセスがきちんと形成されておらず、よって運用も曖昧なため、入社当初の希望を達成する意欲をなくし、長続きせず30歳から40歳くらいで退職する傾向が強い。そこを過ぎると、長く在籍する傾向がある。

→技能継承が進んでいない

→構成年齢層は高い。30歳〜40歳は極端に少なく空洞化。40歳以降まで働き続けた中堅層社員はある程度の技能を有している

→技能や経験が必要な職種であり、現状は中堅層社員および高齢社員頼みである

（1）現状把握から高齢社員の活用方針の決定

①情報収集

　法令や国の支援等に関する情報（本書第2章、第3章に該当）を整理し、適宜他社事例を探る。

　　→同企業規模・同業界・同職種のみならず、全く異なる業種等であっても、高年齢者活用で話題になっている企業や、逆にうまくいっ

ていない例の要因等も参考にする

②現状把握

i　自社の制度と内容について

・現在は60歳定年後、1年更新の有期雇用契約で上限65歳までの雇用確保

・賃金は60歳時の7割程度／フルタイム勤務／労働・社会保険加入

・評価制度はあるが、60歳以降は現状機能していない

　　→∴一律賃金処遇

ii　ソフト面

・現状にあるように技能承継が進まず、やっと仕事がわかり始める30歳から40歳位で多くが退職してしまうため、会社も高齢社員もスムーズな技能承継と環境整備の必要性を強く理解している

　→技能継承の必要性／技能承継プロセスの確立の必要性

　→若年層を育てる必要がある

　→若年層が自分の未来を描き期待が持てる環境が必要

・高年齢者自身は、若い世代への技能承継という必要性と役割は理解している

・会社は、高年齢者を戦略化しなければならないと理解しているが、賃金等の処遇の改善ができていない

　→働く意欲に影響？

・高齢社員は、他の人にはできない仕事を任せられているという確信があり、やりがいを感じているので、そういう意味では働き続けたい職場であるが、処遇や労働環境（たとえば、作業場に段差が多い等の高年齢者が働く環境整備）ができていない

　→やりがいという意味では働き続けたい職場である

　→働く環境整備が必要

　→うまく機能していない評価制度の見直し

　　　　→賃金等の処遇制度の整備

・社内の雰囲気はよく、年齢に関わらず交流が盛んであり、若年層と高齢社員との関係も良好。会話もスムーズにでき、意見交換もできる雰囲気である。

・中小企業のメリットの一つではあるが、トップダウンが素早くでき、経営者と社員との距離も近く、話し合う機会も作りやすい

　∴高年齢者戦略化の必要性の確認はできている

　∴活用風土はできている（できつつある）

・業績は、今後急上昇はしないであろうが、同業者でも高齢化が進み、年々撤退していく

　→存続し、希少価値を保てば、売り上げを恒常的に見込める

　→当分は安定した資金がある程度見込める

・年齢構成は30歳から40歳が空洞化、一定の技能を持つ40代以降の中堅層も人数は少ないが在籍している。55歳以降からはやや多い（次の世代を担う年齢層の空洞化がはっきりしている）

・賃金曲線は、50歳以降はそれまでの上昇に比べて、なだらかな上昇にとどまっている

　→30歳から40歳の人員が少ないため、賃金曲線もその年齢層のところは実際には機能してない

　→当分の間（空洞化が埋まるまで）、高年齢者の雇用を伸ばしても、現在の人件費および法定福利費（労働・社会保険料の会社負担）が急増する懸念は低い

　→技能継承し、希少価値を付けて収入を上げることを目標にすれば、企業としてはダメージはほぼないか？

　　∴長い目でみた、高年齢者の雇用延長に関する資金面（人件費・法定福利費等）への影響は当分の間は少ない

③検討課題

・企業の存続のために、モノづくりの技能承継が重要

　　→そのために何をすべきか

・技能継承のためにも、高年齢者に役割を理解し、意欲的に働いて
　もらうことが必要

　　→働く環境の整備が必要か

・若い世代を育てることが必要

　　→若い世代が、自分の将来を描けるような（希望が持てるような）、
　　　高年齢者の戦略化が必要

・年齢層の空洞化があるため、しばらくは高年齢者の雇用環境を改
　善（処遇改善）しても人件費等の急増はすぐには現れない。（希
　少価値のあるモノづくりが売りであるため）技能継承がうまく進
　めば、その間に儲かる企業体質へ転化させることも可能

　　→今なら処遇改善に取組むことが可能。何をどうやって改善？

④対応案

・前提条件として、高年齢者活用に関する企業風土はできている

　　　　　　　　　高齢社員の役割も確立している

　　　　　　　　　高齢社員の処遇改善の必要性を会社も理解して
　　　　　　　　　いる

　　　　　　　　　事業承継の必要性も会社は理解している

　　　　　　　　　労使の距離が近く、風通しが良い職場環境

・緊急施策として、若い世代を定着させるための技能承継プロセス
　を確立

　　→高年齢者の役割設定（技能継承そのもののみならず、プロセス
　　　設定→技能承継→その後のフォロー→改善指導等）

　　→役割の明確化、レベル化を実現し、高齢社員にも適正な評価制

度を適用

→一律ではなく、評価や仕事に合わせた処遇設定→処遇改善

・若い世代が育ち、企業の売上げに直結する効果を持つ力をつける
まで10年単位の月日が必要

→70歳までの雇用継続制度の導入、場合によっては70歳以上も
雇用継続

→生涯賃金を上げ、働く意欲にかえてもらう

（2）制度の検討・設計、具体的検討・決定段階

(1)の状況から、高年齢者雇用（戦略化）が緊急課題だということは
経営者も理解できるが、すぐに定年廃止とするには、コスト面にあっ
ても、比較的穏やかで、従来変化が少なかった社風を鑑みても、時期
尚早と判断。とはいえ、高齢社員を頼りにしている部分が大きい状況
にあり、なんとか65歳までは引き留めたい、優秀な逸材はその後も
何らかの形で雇用し続けたい。

→∴「65歳までの定年延長」制度検討を決定

以上を踏まえた今回の、検討事項（P204へのあてはめ）の決定は
次の通り。

★ 検討事項の決定例

①定年年齢	65歳まで引き上げ（∵対象人数も少なく、全員が一定のスキルを持ち、技能承継に必要な高齢社員であるため）
②引上げ方	一度に（∵　同上）
③定年年齢の決定方法	一律（∵　同上）
④対象者	職種別　※今回は技能職のみ

⑤仕事	担当してもらう仕事 今しているモノづくりの仕事に準じた仕事 ※モノづくりそのものの主流は中堅層社員に移して仕事量を減らし、補完的な立場に回ってもらい、中堅層より若い世代への技能承継を主たる仕事に転化
⑥役割	期待する役割 若い世代への技能承継
⑦役職	役職 一部の人には、一定の役職を担ってもらう
⑧労働時間	労働時間 フルタイム勤務
⑨配置 ・異動	配置・異動はなし 現状通り
⑩評価	人事評価・業績評価 従来の評価を見直し、補完的なモノ作りそのものへの評価と若い世代への技能承継に関する評価を追加する
⑪賃金	60歳以降は、役割やスキルに合わせた賃金を改めて設定し、評価結果は年1回の賃金改定で反映、全体的な人件費増を回避する（必要に応じて、60歳前からの賃金曲線に着手し、65歳までの生涯賃金総額を念頭に設計する場合もあり）→現状のような一律賃金を見直し、評価に応じた賃金設定をし、凹凸をつける。 65歳以降も必要に応じて継続雇用する場合は、より凹凸をつけた複線コースを活用する
⑫退職金	退職金はポイント制に切り替え、役割や評価に応じたものとし、65歳で支給。ただし、60歳で退職金を受けるとしてすでにライフプランを組んでいた場合は、条件付きで一定期間は、一部を60歳で支給することも検討
⑬65歳以降の雇用	優秀な人材には、65歳以降も継続雇用を推進→将来的には70歳までの雇用をめざす
⑭その他	若い世代も入れた労使の話し合いを進める。その結果、制度内容の変更が必要な場合も出てくる可能性はあるが、来年度から実施することをめざす

　上記の表を参考に、65歳までの定年延長に向けて対応していきます。

課題を検討するときや対応策を練るときは、会社が一方的に進めるのではなく、高齢社員のみならず、全社員（実際には、職位別、職種別、年齢階層別など、多種多様な立場の代表者）でプロジェクトを組み進めます。

例）・役割の決定→評価制度の見直し→賃金設定の見直し
・人件費や法定福利費の増減の予測（例　変更時・5年後・10年後……）
・社員への説明（全体のしくみ・評価制度・賃金等の処遇制度・求められる役割）
　※　たとえば、高齢社員には、役割と評価制度と処遇を、高齢社員の上司には、高齢社員の役割とマネジメントの仕方を、全社員には、円滑な職場環境を作り上げるため、高齢社員の居場所がなくならないためにも、会社の方針や高年齢者とそれ以外の社員への期待・役割等を説明します
・今後の高年齢者の増大、世間の流れ等による環境の変化についていけるよう、職務拡大や職務設計（新たな職種の拡大、新たな事業への進出の検討・実施）等を進める
・研修の実施（高齢社員のみならず、全社員を対象とした、自己啓発・スキルアップ・マインドチェンジ・マネジメント研修（高齢社員のみならず、たとえば高齢社員を部下に持つ上司への研修等もある）・キャリア研修等）
・高年齢者が働きやすい職場環境の整備（作業環境等）
・全社員を対象とした働きやすい職場環境の整備（時間外労働の低減等）

（3）実施・見直し・修正段階

(2)で検討したことを実施し、定期的に見直します。高年齢者のみな

らず、全社員参加型で見直し修正をかけ、より良い制度に変えていきます。併せて、1(3)および(4)の対策も講じます。

　ここでは、モノづくりの中小企業という限られた例を出しましたが、同様の前提であっても、その企業が置かれている状況や仕事そのものの性質、社風、経営者の考え等、多種多様な要素から考えていかなければならず、回答は一つではありません。

　実は想定会社の「モノ作り」を「専門的知識」や「多くの経験を要する」仕事と置き換えてみると今の多くの企業の現状に近いものとなります。

　定年に関する検討に当たっては、IT関連であって若い世代しか在籍しない企業は、「定年なんて先の話であって、今考えるべきときではない」という考えもあるでしょうが、一方で、「働き方や働くことへの人々の考え方が変わる今こそ、思い切って、定年を65歳（またはそれ以上）に延長し、長いスパンで人を育てる、特にITは目まぐるしく環境が変わるので、育成に力を入れる、そのためにも定年を今から伸ばしておくべき」等という発想もあります。

　さらに、高齢社員が多い企業であって、現状では残念ながら人が育ってない（戦略化のテーブルに着く人「財」が少ない）場合には、選択定年制と継続雇用制度を並行しつつ、優秀な人材の育成をめざし、多くの人が人「財」となる時がきたら、一気に65歳（またはそれ以上）に定年年齢を延ばす等、2段階またはそれ以上の段階を踏んで高年齢者雇用や戦略化を考えることもよいでしょう。制度は一度作ると、社員に不利益な制度改定は難しくなりますので、一歩一歩進めることも重要です。最後に参考として、業種ごとで一般的に考えられる課題と対策についてまとめていますので、参考としてください。

定年や高年齢者に関わる施策例（業種別）

保険業→職種によって定年を変える

　　　　営業職（外勤職）は定年廃止。ただし、賃金体系はイン
　　　　センティブ重視。事務職は定年65歳

建設業→人手不足。高年齢者が働きやすい環境整備を進める

　　　　→有資格者等、または人手不足解消のため新たに高齢社員
　　　　を採用

IT関連→比較的若年層が多くを占める

　　　　→時間をかけて、今後、戦略化となる高齢社員を育成
　　　　変化が激しい業界ゆえ、常に、複線的なキャリアパスの
　　　　設定や記述のスキルアップを推進

介護・福祉業

　　　　→人手不足

　　　　→高年齢者の戦略化。新たな高齢社員の採用

業種不問

　　　・選択定年制の導入（自分で自分の定年を決める→最後まで
　　　　しっかり働く意識を持つ→生産性の向上）

　　　・役割を明確にし、評価を見直し、評価にあった処遇を設定
　　　　→一律処遇からの脱皮

　　　・現役層社員時代から、定年後（60歳後）の自らの働き方
　　　　を意識させ、資格制度の導入

3 会社全体の処遇に関する考え方の決定

　ここからは具体的な処遇を含めた社内制度の構築に関する考え方について解説していきます。

（1）ポートフォリオを活用した業務と処遇の位置づけの確認

　処遇については、同一のジョブでも、いくつかのパターンに分けることができます。

　兼ねてから人材活用ポートフォリオという考えがありますが、これをもとに少し形を変え、次のような業務と処遇のポートフォリオを作ってみました。あくまでも一例ですので、自社にとって優先すべき内容（要素）を用いて検討してみてください。

図表　業務と処遇のポートフォリオの例

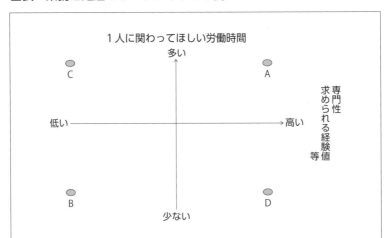

　Aの例：右上に行けば行くほど、専門性が高い（または求められる経験値が高い）業務であり、かつ、1人の人に関わってもらいたい労働時間が長い仕事

例）Aは　月給制で社会保険加入。賃金は高く、フルタイム

　　Bは　時給または日給制で、賃金はAに比べて低く、場合に
　　よっては隔日勤務やパートタイム等ワークシェアリングを検
　　討

　　Cは　月給、時給、日給等あり。給与はAに比べて低いが、
　　社会保険加入のフルタイム

　　Dは　業務委託契約（この場合は雇用ではない）、または、
　　給与は高いが、隔日勤務やパートタイムを検討

（2）賃金曲線の決定

　会社が、高齢社員の賃金制度を考えるとき、まずは会社が現役層を含めた賃金曲線をどう定めていくかを検討しなければなりません。理想は、会社の儲けが上昇し、利益が未来永劫プラスを維持することができる状況であって、すべての高齢社員が生産性の高い仕事ができ貢献度も高く、よって、賃金も現役層と同様またはそれ以上に支払える。同時に現役層社員の賃金も業務や評価に応じて余裕をもって支払うことができる。したがって、高齢社員については、定年を延長または廃止して、本人の希望に応じて、できるだけ長く働いてもらうということでしょう。しかし、現実はどうでしょうか。業種等にもよりますが、ぎりぎりの経営である会社も少なくありません。また、たとえ今は景気がよい会社であっても、今後、儲けがプラスを維持し続ける保証はありませんし、さらに直近では新型コロナウイルス感染症の影響を受けている会社も多いのが現状です。

　そこで、会社の存続を第一に考えれば、現役層社員の処遇（賃金）維持を最優先に考えたとしても不思議ではありません。とはいえ、均衡均等待遇・同一労働同一賃金や70歳定年法の施行についても無視することはできません。そうであれば、将来にわたり、会社全体の総

人件費を想定するためにも、自社の賃金曲線をどうするべきか決定することは必要不可欠です。

　会社における、一般的な60歳前後の賃金パターンは次のいずれかに当てはまります。

図表　60歳前後の賃金パターンの例

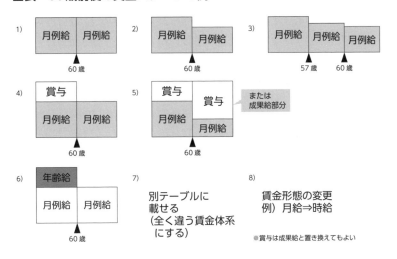

1）定年後も現役層社員と同等の仕事を期待し、処遇を変えない。理想的な形ではあるが、今後、高齢社員が増えてくるにあたり、現役層社員の人件費を賄えるかが問題となり得る

2）高齢社員に担当してもらう業務を限定する等し、定年前後で業務（職務や責任度等）等を変えた上で、処遇をリセットする。現在のところ一番多いケース。今後の高齢社員の増加等を見越して、人件費等の見立てがしやすい

3）こちらも現状では多くの企業が採用しているケース。役職定年等を設定し、段階的に役割等を軽くし、さらに、定年後は2）に準じて設定する

4）賞与を成果給の反映として捉える。定年後再雇用の高齢社員については、本来のジョブ型をあてはめ成果部分は支給しない。現役層社員に求める役割との違いを明確にする。ただし、最近は、高齢社員についてもモチベーションアップ等のためにも賞与を支給する企業が増えている傾向がある。また、現役層社員の本給を昇給したいが、先の業績が見えにくいため、賞与部分で補う企業もある。生活保障給に近い考えととらえると、現役層社員は一般的にライフイベントに対する必要生活費の上昇中途段階であるので、そこを補うという意味合いになる。一律に賞与を支給しないことについては、パート・有期雇用労働法も意識しないといけない状況ではある

5）定年後再雇用後の高齢社員には、成果を上げた人の評価部分の割合を多くする。企業にとっては採用したい形の一つといえる。ただし、高齢社員に対する正当な評価ができることが前提となる

6）4）の後段と同様の考えから、現役層社員にある程度の生活保障の側面を残す形。ただし、その部分の支給を35歳までや40歳までとするケースもある

7）典型的なジョブ型の賃金設計。その前提として、高齢社員のジョブの明確化と正当な職務分析の結果としてのジョブディスクリプション策定等が必要となる

8）処遇複線コースにおいて、パートコース等を設定する際に有効であるといえる

　さらに、最近は、定年後再雇用社員の処遇改善が進んでいますが、賃金曲線の代表的なパターンには次のようなものがあります。

図表　雇用延長に対応する賃金パターンの変更

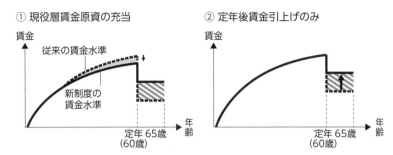

① 現役層賃金原資の充当

② 定年後賃金引上げのみ

③ ①と②との折衷

④ 65歳定年を前提とした全体的見直し

(注) ▓ は賃金減、▧ は賃金増

① 現役層の賃金原資を定年後再雇用の賃金原資に充当

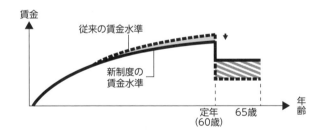

　これは現役世代の賃金曲線をなだらかに抑制し、抑制した部分を原
資として60歳以降の給与を上積みした賃金曲線となります。ただし、

65歳までの生涯賃金は現状を下回らないように設定します。

　採用するにあたっては、現役世代の賃金については年功序列要素の強い賃金を圧縮し、賃金制度を見直します。そして、40歳くらいまでは仕事を覚える、または、生活保障給という位置づけを重視し、ほぼ一律的に昇給し、40歳台以降は身につけた仕事の評価にみあった成果給部分の比重を大きくします。

⇒トータル人件費総額は大きく変えず、40歳台からは生産性の高い仕事の仕方を身につけ、その意識を以て定年後も一定の仕事力を期待し、賃金もある程度補償します。

② 定年後の賃金水準のみを引き上げる

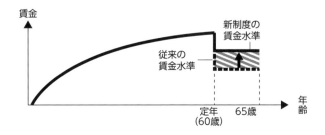

　これは、現役世代の賃金曲線には手をつけず、60歳以降の高齢社員にも人件費その他の費用負担分を上回る収益をあげてもらうことを期待した賃金曲線となります。採用するにあたっては、60歳定年までは現状通りの賃金設定とし、60歳以降はしっかりと働いてもらい、「自分の給与は自分で稼ぐ」といった意識を持ってもらいます。よって、高齢社員に対してもしっかりと評価し、評価や成果にあった処遇を設定することになります。60歳以降の賃金設定の仕組みを見直します。

⇒理想的な賃金曲線ですが、この先もある程度、安定した利益を維持できる、または、一時的に人件費が増加することに耐え得る企業で

あることが必要です。この先、現役層社員数が横ばいまたは減少していけば、高齢社員に対する賃金増の割合にもよりますが、いったん人件費総額は急増し、その先は一定の範囲内で落ち着きます。

　また、高齢社員にも現役並みの仕事（業務）を提供できるか等、自社が抱える仕事の状況等にも影響します。よって、②単体ではなく、現役並みの仕事を期待できる社員は②を適用し、そのほかの一般的な高齢社員は①と併用する等も検討の余地があります。その場合には、当分の間①をベースに賃金カーブを見直し、②は特例的に仕組みを作ります。その次のステップとして②に移行するという段階的な賃金カーブも考えられます。

③　①と②とを合わせた考え方

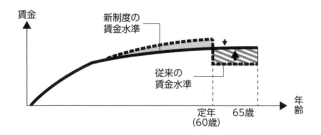

　これは、現役世代も含め、全体的な見直しを行う賃金曲線です。採用するにあたっては、将来的には定年延長を念頭に、まずは、65歳までの賃金体系を構築します（60歳までの生涯賃金ではなく、65歳までの生涯賃金を念頭に置く）。人事評価を見直し、降給も視野に入れます。うまくスイッチングできれば、次のステップとして定年延長や定年制廃止の検討に進むことが可能となります。

⇒現役層社員、高齢社員の区分にかかわらず、意識改革が必要です。

　評価がしっかりとできる業種・職務・体制ができていることが必須

ですが、人件費総額は大きく変えずとも、実行可能です。

④　65歳定年を前提に、全体的な見直しを行う

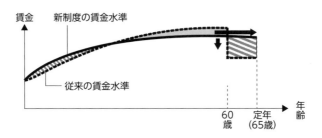

　これは、65歳定年とする例です。賃金カーブの形としては、③と似ていますが、現役世代の賃金カーブをなだらかにし、基本給を含めて65歳までの全体的な賃金カーブを構築します。
⇒60歳以降もなだらかな賃金曲線から外れることなく、賃金を維持します。
　65歳への定年移行にあたり、たとえば、従前、60歳定年時に退職金等が支給されている場合等は、どのように対応するかも考慮が必要です。

　10年後20年後さらにその先を見据え、処遇制度を作るに当たっては、人件費およびそれに伴う法定福利費（会社負担の社会保険料）等をある程度見積もっておかねばなりません。自社の賃金曲線をどのようにするかによって、ある程度の方針が見えてきます。
　たとえば、④のように現役時代の賃金曲線の上昇をなだらかにしようとすれば、当然にその根拠を作らなければなりません。その根拠としては、現役の年齢層を2段階に分けて、当初は職務給を中心に一律的な賃金に近い形で処遇しつつ、40歳台からは個別評価を重視し、

成果給の割合を多くする、その結果、賃金曲線がなだらかになり、その後はその延長線上に60歳以降の賃金を置くという考え方もあります。40歳台からしっかりと成果給を理解すれば、定年後も十分な成果を出す仕事ができ、全体的に、賃金に凹凸を付けやすいといった効果も期待できます。

4 高齢社員の処遇「複線コース」の設計

人も60歳を過ぎれば、生活環境の変化、親や配偶者等の介護問題、年齢による体力の低下や体調の変化等、個別の事情が増えてきます。したがって、高年齢者雇用の処遇の構築、とりわけ戦略化への転換に当たっては、企業側の一方的な制度設計を進めることなく、社員個人が置かれている状況・環境等を考慮した多様な働き方を取り入れた制度設計が必要となります。また、歳を取れば、現役時代とは異なった（仕事や人生に対する）価値観も生まれます。それらを労使が共有し、理解し合い、処遇制度の構築に採り入れていくことが肝要です。

（1）処遇コースの設計に関する基本ルール

高齢社員の処遇設計は、最終的には自社のオリジナリティを活かして行います。ですので、ここからは、あくまでも参考として、処遇コースの例ととらえてください。

たとえば、高齢社員の処遇設計をする際には、次のルールで設計することが考えられます。

---

① 複数のコース設定をする

② 各コースにそれぞれ採用基準を設定する

③ 同一コースの中でも、基本となる職務、職務上必要な能力や経験、人材としての代替性等、自社の指標に応じて、複数の等級やランクを作り、複数の賃金を設定しておく

④ 同一労働同一賃金をベースにし、賃金は原則として、役割給（各職務に成果給を取り入れた役割給）に統一。調整的な機能として賞与を活用する。

ただし、定年後も管理職として、または、現役並みに働く場

> 合は、現役層社員と同様またはそれに準じた賃金体系とする
> ⑤ 高齢社員の評価制度を確立し、評価に応じて、契約更新時の
> タイミング等で賃金等のアップダウンを図る
> ⑥ 契約期間は原則として1年間とし、一定条件下でコースの変
> 更・更新ありとしておく。

ここでは、前提として、それぞれに設定した採用基準をクリアした社員のみがそのコースを選択することができます。なお、すでに説明した通り、高齢社員と現役層社員とは仕事に対する捉え方・考え方も異なります。これに加え、仕事の選択には、介護や自らの体力等の現状置かれている環境が影響する傾向もあります。そのため、原則として、同一人が選択できるコースは少なくとも働き方の異なる2つ以上のコースを設定することが望ましいといえます。

また、評価制度に基づく賃金決定については、たとえば、同一職務であっても、現役層社員に適用することが多いベースアップ（等級アップ）のような上下ではなく、同一労働同一賃金の考えに基づいた賃金額をベースに、左右にスライドさせる形の賃金スライドを設定することが望ましいといえます。

例）原則として、1年ごとの有期雇用契約で更新し、前年の評価に応じて当年の処遇、賃金を決定します。その際、前年の処遇、賃金がどうであろうと、ゼロクリアで、都度評価に応じた処遇・賃金を設定します（いわゆる洗い替え方式）。

この方式は現役層社員には適さないといわれていますが、高齢社員は短期、かつ、ゼロクリアで進めることが前提であるため、適用可能であると考えます。

【例　洗い替え方式役割給】

A	B	C（基本）	D	E
230,000円	240,000円	250,000円	260,000円	270,000円

※賃金（基本）月額25万円からスタート

　　当年　評価B→24万円に見直し

　　翌年　評価E→27万円に見直し

　また、定年後も管理職として、または、現役並みに働く場合は一定期間の上限年数を定めることも検討の価値があります。任せたプロジェクトや仕事の遂行状況、部下の育成期間等により検討するとよいでしょう。

　契約期間については、定年後再雇用直後の身分・処遇（または現契約での身分・処遇）が将来にわたって保証されるものではないことを明確にしておく必要があります。新たな評価制度の導入を図り、現役層社員と同様に目標管理制度を採り入れ、課題達成度に応じて、次の1年の処遇を決定、より成果重視した処遇決定とします。そして、1年間の総合評価を基に、次の1年のコースを提示・選択、決定します。この時の評価は、賃金等の変更、賞与に反映させることも視野に入れます。

　ただし、定年後も管理職として、または、現役並みに働く場合は、さきに述べたように、同一の条件での契約期間の上限期限を別途定めることも検討するのもよいと思われます。

　これらの処遇の設定は、近い将来の70歳までの雇用を見据えた前準備として、重要なステップとなります。従来のような横並び処遇からの脱却を実現し、その時々のリアルタイムの評価にあった処遇を設定することにより、高齢社員の働く意欲を引き出すことができます。現役層社員が、イキイキと働く高齢社員の姿を目の当たりにすることは、現役層社員自身が生産性を上げて働く意欲にもつながります。高齢社員と現役層社員がそれぞれの役割を理解し、双方助け合い、コミュニケーションを取ってスムーズに働くようになれば、業務改善も進み、

効率もアップし、さらに、企業イメージもアップし、引いては、若い世代の採用にも良い影響を促します。

（２）選択定年制導入の検討

　選択定年制とは、定年退職の前に、会社員が自ら早期退職を選択できる制度のことをいいます。早期の退職制度は、大きく２つに分けることができます。

---

① 企業の経営再建や事業改革等、企業の方針や戦略によって退職者を限定的に募集する早期退職優遇制度

※ 年齢は企業によって、または、制度導入の事由により異なる。制度を利用して退職すると退職金が割増されたり、再就職支援等が受けられたりする

② 人事制度の一環として、企業が儲ける制度。「自由選択定年制」等と呼ばれれることもある、個人のニーズに合わせて、定年年齢に達する前に退職を選択できる制度。

※ 企業の業績に左右されず設定される制度。企業が定めた一定ルールの下で社員が希望すれば採用され、将来、起業を目指している人や転職を考える人等、リタイア後の生活設計がある人等にメリットがある

　選択定年制度を導入することは、高齢社員の雇用・戦略化を目指す企業には選択肢の一つです。この制度を採用するメリットとしては、以下の点が挙げられます。

社員→自分で自らのライブプランを立てられること。自分で決めた自社でのゴールのため、モチベーションを維持しつつ、

積極的に業務に取り組むことができる

企業→社員が自らゴールを設定し、役割を明確にして働くため、仕事に期待でき、労務管理しやすい。人件費等の目安が立てやすくなる

定年年齢を60歳、その後65歳までの雇用確保を実施しているとした場合の導入例は以下のようになります。

① 55歳頃に選択定年制の活用有無の意思の確認を実施

→59歳時に最終確認

→選択定年制を選択する場合は、60歳から64歳の間で、自らの定年年齢を決定する

② 定年年齢に達した後

イ 管理職ならばそのままで選択定年まで働き、業務内容は変えず、待遇も変えない

ロ 選択定年後は、

ⅰ リタイア、または、転職や起業

ⅱ 有期社員やパート社員として再雇用。業務内容も変え、処遇も変える

※ パートの場合は、副業・兼業の許可範囲を拡大する等

選択定年後に雇用が継続する場合は、P233に示した処遇複線コースに移行します。

最近では、選択定年制を採用する企業が増えています。

これは、65歳までの就労を希望する社員がいる一方で、本書でも述べています通り、高齢社員にとって、仕事と生活のバランス、仕事をし続ける目的や価値観が現役世代と異なることから、65歳までバ

リバリで現役並みに働きたい声がある一方で、60歳あたりで退職を希望する声もあり、60歳以降の就労意識が多様化していることにあります。

　さらに、定年年齢を65歳にしている場合であっても、60歳から64歳での選択定年制を検討する価値はあります。ただし、その場合、65歳をゴールとした退職金制度を導入している場合は、選択定年制を選択しても、退職金を65歳時点と同水準となるよう差額分については、たとえば（選択定年）一時金で補填する等の検討課題が出てくるでしょう。

　いずれにしても、今後は高齢社員を一律に処遇することは難しくなります。高齢社員の雇用（就業）確保の法的な問題、少子高齢化における高齢社員の労働力への期待、（社内の一定年齢構成の空洞化等から生じる）現役層社員への技能・スキルの承継の担い手の問題、現役層も含めた年功序列から成果（評価）に応じた処遇制度への見直しの流れ、高齢社員の仕事そのものへの期待、高齢社員の活用、戦略化の推進等が進むからです。

　そこで、どのような制度を導入するとしても、現役時代から、意識改革と人材育成を進めていかなければなりません。年功序列制度の下では、おおむね40歳台半ばくらいになると、仕事に慣れ、手元の業務遂行には支障がなくなり、惰性的な仕事の仕方になるリスクがあるといわれています。そのままの状況で定年を迎えるとどのような働き方になるか、想像できるでしょう。そこで、45歳前後で、いったんキャリアの棚卸しをする機会を設け、今後、自分がどのようなポジションでどのような仕事をしたいかを考えてもらう、企業も一緒になって提案・考える研修やフィードバックの機会を設ける企業もあります。これは企業の規模に関わらず、重要なリセットのタイミングと考えます。

選択定年制を採用する場合には、それに合わせて就業規則の変更についても検討します。具体的にどのような制度とするのかについては、会社ごとの考え方により多種多様となります。以下では選択定年制に関する簡易的な就業規則例を紹介しておりますが、これはあくまでも例のため、より詳細な内容については、各社で検討することをお勧めします。

★　60歳から65歳の間の選択定年制の例（簡易版）**DL↓**

（定年等）

第○条

　　社員の定年は満65歳とし、65歳の誕生日の属する月の末日を以て定年退職とする。

2　前項にかかわらず、社員は、自らの定年の時期を60歳から65歳までの間のいずれかの年齢の誕生日の属する月の末日を指定し、選択できるものとする。

3　選択する定年の時期は、○歳（例　59歳）到達時に所定の様式で申告するものとする。

※　申告した定年時期について変更を認める場合は、その旨と要件を記載します。

※　他に要件を付ける場合も追記します。

※　退職金の扱い、選択定年後65歳までの継続雇用についてはその旨等を追加します。

（3）具体的な処遇コースの例　（定年60歳から65歳）

　60歳定年とし、65歳までの雇用確保措置を前提にした処遇コースの例です。

図表　複線の処遇制度（選択コース）の例

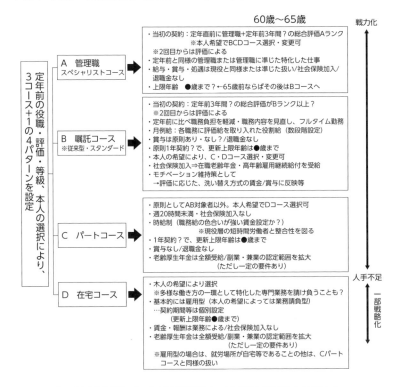

★　その他、特例子会社等（一定の関係事業主）での継続雇用等もあり得ます。

A　管理者コース・スペシャリストコース

A　管理職
スペシャリストコース　⇨

・当初の契約：定年直前に管理職＋定年前
　３年間？の総合評価Ａランク
　　　　　　　※本人希望でBCDコース選
　　　　　　　　択・変更可
　※２回目からは評価による
・定年前と同様の管理職または管理職に準
　じた特化した仕事
・給与・賞与・処遇は現役と同様または準
　じた扱い／社会保険加入／退職金なし
・上限年齢　●歳まで？⇐65歳前ならばそ
　の後はＢコースへ

　現役並みの仕事を期待する、または、管理職に準じた特化した業務
や現役層へのスキル・経験等の承継を役割とする高齢社員のコース

○　処遇の設定・社会保険加入の有無

　処遇は現役並みまたはそれに準じた設定とします。そのため、社会
保険等（厚生年金保険、健康保険、雇用保険）も従前通り加入するこ
とになります。給与等がある程度高いため、在職老齢年金の支給調整
対象となり、高年齢雇用継続給付も考慮しません。

○　契約年数・評価

　他のコースは１年契約とし、処遇も都度見直しするのが原則となる
ところ、このコースの場合は、業務遂行プロセスに応じて、ある程度
の年数を上限にすることも検討の余地があります。評価が良ければ
65歳まで可とする、高齢社員の戦略化の期待を担うべく設定するコー
スといえます。

○　対象となる社員

　このコースに該当するのは、いわゆる戦力となる高齢社員です。当
初はこのコースの対象となり得る社員の割合はそう多くはないかもし

れませんが、高齢社員を「雇用」から「戦略化」に方向付けする企業にとっては、今後はこちらがメインになるように人「財」育成をし、同時に、業務や役割を再編成していくことになります。

B 嘱託コース

B 嘱託コース ※従来型・スタンダード	⇒	・当初の契約:定年前３年間？の総合評価がBランク以上？ 　　※２回目からは評価による ・定年前に比べ職務負担を軽減・職務内容を見直し、フルタイム勤務 ・月例給:各職務に評価給を取り入れた役割給（数段階設定） ・賞与は原則あり・なし？／退職金なし ・原則１年契約？で、更新上限年齢は●歳まで ・本人の希望により、C・Dコース選択・変更可 ・社会保険加入⇒在職老齢年金・高年齢雇用継続給付を受給 ・モチベーション維持策として 　→評価に応じた、洗い替え方式の賃金／ 　　賞与に反映等

　一般的な処遇のスタンダードコース。

○　処遇の設定

　高齢社員が担う仕事と現役層社員が担う仕事とを明確にし、前者を担当します。同一労働同一賃金の下、職務給を基礎としますが、その上で、一定の評価をし、役割給をベースにしながらも、評価結果に応じ、各職務に評価給を取り入れます。

○　評価基準

　評価基準については、同一職務においても、洗い替え方式を採用し、

評価に応じて賃金額を左右スライドさせることも視野に入れ、高齢社員のモチベーションを維持します。

○　賞与支給の有無

賞与の支給の有無については自社の考え方で、賞与を「支給する」、「支給することがある」、「支給しない」のいずれかを決定します。評価が秀でて特出し、洗い替え方式の賃金だけでは評価しきれない、対応できない場合は、賞与で調整することも検討する価値があります。

○　社会保険加入の有無

Bコースでは、フルタイム勤務のため、社会保険等に加入することになります。ケースによっては、在職老齢年金の支給調整対象となり、これに加えて高年齢雇用継続給付の対象となることも想定します。

なお、年金法の改正により、在職老齢年金の支給停止基準額が28万円から47万円に引上げられる（いずれも令和2年度額。2022年4月施行）ため、支給停止対象者または支給停止額は現状より減少する見込みです。ただし、高年齢雇用継続給付の支給上限率は15％から10％に引き下げられる（2025年4月施行）ため、2022年4月から2025年3月まで期間と、その期間の前後では調整の仕方が異なることになります。

○　更新期間・処遇の設定

更新期間については原則として1年契約とし、同一処遇は同一契約期間のみ有効とし、更新後の処遇は都度評価または更新後の担当業務によるものとします。

○　対象となる社員

高齢社員の「雇用」を目的とした標準的なコースです。現状では多くの企業においては、大多数の高齢社員が当コースに当てはまります。ただし、高齢社員の中でも、置かれている環境や自らの体力・健康、仕事に対する（現役層とは異なった）価値観等により、企業としては

Aコースに推薦したいが、本人の都合で当コースを選択することもあります。

C　パートコース

C　パートコース　➡

・原則としてAB対象者以外。本人希望でDコース選択可
・週20時間未満・社会保険加入なし
・時給制（職務給の色合いが強い賃金設定か？）
　※現役層の短時間労働者と整合性を図る
・１年契約？で、更新上限年齢は●歳まで
・賞与なし/退職金なし
・老齢厚生年金は全額受給/副業・兼業の認定範囲を拡大
　（ただし一定の要件あり）

○　労働時間・社会保険加入の有無

　高齢社員に担ってもらう仕事で、ワークシェア等ができる仕事や短時間で完了する仕事を割り当てます。週所定労働時間は20時間未満とし、社会保険等は未加入。

○　評価基準・処遇の設定

　評価基準は緩やかに、評価の反映は前掲A　Bコースに比べて比重は低く、時給で反映することを基本とします。

○　副業・兼業の許可

　副業・兼業の許可範囲を拡大します。ただし、副業・兼業を許可する場合には、どういう形態の副業・兼業なのか、労働時間の通算問題や長時間労働問題、労働者の健康確保措置の実施、労災発生時の扱い等、第3章で述べた事項に留意することが必要です。

○　対象となる社員

　該当する社員は2分極化すると想定されます。一つは、提供できる

仕事にはフルタイムの必要がないと思われる高齢社員です。一般的には収入も減少するので、副業・兼業の許可基準を緩和します。もう一つは、定年後の自らの人生を見据えて、起業等を考える社員です。こちらは、その準備も含め、自分の裁量で仕事を調整したいという社員です。

D　在宅コース

D　在宅コース ⇒	・本人の希望により選択 　※多様な働き方の一環として特化した専門業務を請け負うことも？ ・基本的には雇用型（本人の希望によっては業務請負型） 　…契約期間等は個別設定 　（更新上限年齢●歳まで） ・賃金・報酬は業務による／社会保険加入なし ・老齢厚生年金は全額受給／副業・兼業の認定範囲を拡大 　（ただし一定の要件あり） ※雇用型の場合は、就労場所が自宅等であることの他は、Cパートコースと同様の扱い

○　契約形態の選択・処遇の設定

　基本的には65歳までの雇用確保措置の観点から雇用型ですが、本人の希望による業務請負型もありとします。雇用型の場合は、就業場所が自宅等であることの他は、原則としてCパートコースと同様の内容となります。

　業務請負型は労働者ではなく、個人事業主として契約します。契約期間や報酬は個別に設定します。専門的または特化した知識や経験等が必要な、自社にとって需要価値の高い業務委託の場合は、現役当時の年収を大きく上回ることもありえることを想定します。

○　対象となる社員

　基本的には、Cパートコースと同様です。たとえば、介護等の置かれている環境によって在宅を選択する社員もいるでしょう。また、起業等を考えている高齢社員は、すでにこの時点からスタートすることも考えられます。

　このコースでは、雇用型と請負型が想定されます。Cパートコースは労働者として雇用しますので、副業・兼業先が雇用関係にあれば（労働者であれば）、労働時間の通算の問題等も生じますが、このコースにおいて請負型の場合は個人事業主なので、労働者としての問題は生じないことになります。

　なお、このコースでは、かなり高いスキルや経験を持つ高齢社員が該当することも考えられ、企業はA管理者・スペシャリストコースに推薦したいが、本人が自ら当コースを希望することも想定されます。その場合には、報酬は格段に高くなることがあります。

（4）具体的な処遇コースの例　（65歳から70歳）

　高年齢者雇用安定法の改正により、65歳から70歳までの就業確保措置を前提とした処遇コースの例です。

図表　複線の処遇制度（選択コース）の例

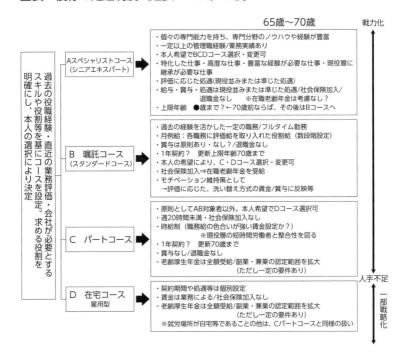

65歳～70歳　　　　　戦力化

Aスペシャリストコース
（シニアエキスパート）
・個々の専門能力を持ち、専門分野のノウハウや経験が豊富
・一定以上の管理職経験/業務実績あり
・本人希望でBCDコース選択・変更可
・特化した仕事・高度な仕事・豊富な経験が必要な仕事・現役層に継承が必要な仕事
・評価に応じた処遇（現役並みまたは準じた処遇）
・給与・賞与・処遇は現役並みまたは準じた処遇/社会保険加入/退職金なし　　※在職老齢年金は考慮なし？へ
・上限年齢　●歳まで？←70歳前ならば、その後はBコースへ

B　嘱託コース
（スタンダードコース）
・過去の経験を活かした一定の職務/フルタイム勤務
・月例給：各職務に評価給を取り入れた役割給（数段階設定）
・賞与は原則あり・なし？/退職金なし
・1年契約？　更新上限年齢70歳まで
・本人の希望により、C・Dコース選択・変更可
・社会保険加入⇒在職老齢年金を受給
・モチベーション維持策として
　→評価に応じた、洗い替え方式の賃金/賞与に反映等

C　パートコース
・原則としてAB対象者以外。本人希望でDコース選択可
・週20時間未満・社会保険加入なし
・時給制（職務給の色合いが強い賃金設定か？）
　　　　　　※現役層の短時間労働者と整合性を図る
・1年契約？　更新70歳まで
・賞与なし/退職金なし
・老齢厚生年金は全額受給/副業・兼業の認定範囲を拡大
　　　　　　　　（ただし一定の要件あり）

D　在宅コース
雇用型
・契約期間や処遇等は個別設定
・賃金は業務による/社会保険加入なし
・老齢厚生年金は全額受給/副業・兼業の認定範囲を拡大
　　　　　　　　（ただし一定の要件あり）
　※就労場所が自宅等であることの他は、Cパートコースと同様の扱い

人手不足

一部戦略化

過去の役職経験・直近の業務評価・会社が必要とする役割を明確にし、本人の選択によりコースを設定。求めるスキルや役割等を基にコースを決定

★　その他、特例子会社等（一定の関係事業主）や他社での継続雇用等があります。また、第2章で述べた通り、（定年延長および70歳までの定年年齢引上げを除き）対象者基準を設定することができます。

図表　E　創業支援等措置

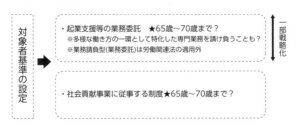

対象者基準の設定

・起業支援等の業務委託　★65歳～70歳まで？
※多様な働き方の一環として特化した専門業務を請け負うことも？
※業務請負型(業務委託)は労働関連法の適用外

一部戦略化

・社会貢献事業に従事する制度★65歳～70歳まで？

A　スペシャリストコース・シニアエキスパート

A　スペシャリストコース
（シニアエキスパート）　⇨

・個々の専門能力を持ち、専門分野のノウ
　ハウや経験が豊富
・一定以上の管理職経験/業務実績あり
・本人希望でBCDコース選択・変更可
・特化した仕事・高度な仕事・豊富な経験が
　必要な仕事・現役層に継承が必要な仕事
・評価に応じた処遇（現役並みまたは準じ
　た処遇）
・給与・賞与・処遇は現役並みまたは準じ
　た処遇/社会保険加入/退職金なし
　※在職老齢年金は考慮なし？
・上限年齢　●歳まで？←70歳前ならば、
　その後はBコースへ

○　処遇の設定・上限年齢

　基本的な処遇は、65歳までのAコースと同様となります。ただし、上限年齢は70歳です。会社も考え方によりますが、多くの場合は、管理職としての役割を期待するよりも、特化した専門分野のエキスパート処遇として、または、現役層へのスキル・経験等の承継の役割を設定することが多いと思われます。

○　対象となる社員

　当コースはまさに人「財」を引き留めるコースです。65歳までのAコースと異なるのは、ここでは管理職としての役割を求めて人「財」を引き留めるというよりも、多くの場合その人の持つ専門分野の知識・スキル等を引き留める、技能継承または会社への高い貢献を求めるというコースであることです。本来は、当コースの対象者が多い状況が理想であり、多ければ多いほど、高齢社員の戦力化の達成度が高いともいえます。

B 嘱託コース　スタンダードコース

```
┌─────────────────┐
│ B  嘱託コース      │ ⇒
│ (スタンダードコース) │
└─────────────────┘
```

・過去の経験を活かした一定の職務／フルタイム勤務
・月例給：各職務に評価給を取り入れた役割給（数段階設定）
・賞与は原則あり・なし？／退職金なし
・1年契約？　更新上限年齢70歳まで
・本人の希望により、C・Dコース選択・変更可
・社会保険加入⇒在職老齢年金を受給
・モチベーション維持策として
　→評価に応じた、洗い替え方式の賃金／賞与に反映等

○　処遇の設定・法改正の影響等

　基本的には、65歳までのBコースと同様となります。ただし、65歳以後の在職老齢年金における支給停止基準額は、従前から47万円（令和2年度額）であり、法改正による見直しはありません。さらに、高年齢雇用継続給付については、そもそも65歳到達月後は支給されないため、こちらも法改正の影響はありません。

　なお、年金法改正により、65歳以後は、在職老齢年金を受給中でも毎年年金額が改定される在職定時改定が2022年4月から施行されるため、いわゆる「働き損」の部分が解消されることになります。

○　対象となる社員

　65歳から70歳までは就業確保の「努力義務」であることを考えれば、65歳までの雇用確保の「義務」を前提に設定するBコースの対象者とは自ら温度差があります。

　たとえば、Aコースほどではないが、やはり会社にとって人「財」として捉える資質が多い高齢社員、または人手不足の解消が必要で、

かつ、業務量等の観点からフルタイムを必要とする業務に就く高齢社員が対象となります。また、本当はＡコースで働いてほしいが、本人の考えや事情で、Ｂコースなら継続して会社に留まってもらえるという場合もあるでしょう。

Ｃ　パートコース

Ｃ　パートコース	・原則としてAB対象者以外。本人希望でDコース選択可 ・週20時間未満・社会保険加入なし ・時給制（職務給の色合いが強い賃金設定か？） 　※現役層の短時間労働者と整合性を図る ・１年契約？　更新70歳まで ・賞与なし/退職金なし ・老齢厚生年金は全額受給/副業・兼業の認定範囲を拡大（ただし一定の要件あり）

○　処遇の設定・保険加入の有無

基本的には、65歳までのＣコースと同様となります。ただし、雇用保険法の改正により、雇用保険の加入基準要件の一つである所定労働時間について、２事業所で合計所定労働時間が20時間以上（ただし、１事業所では５時間以上を予定）であれば当該基準を満たすこととなり（2022年１月施行）、31日以上引き続き雇用見込みが有り、本人が希望した場合には、雇用保険に加入することになります。

この場合は、同時に、他社と雇用契約を結び、働いている状況でもあるため、副業・兼業の扱いとなりますので、第３章の副業・兼業についての留意事項を理解しておくことが必要となります。

○　対象となる社員

Ｂコース対象者の考え方の延長線上ですが、こちらは人手不足の対

応策として人が必要であって、担当業務は隔日勤務や短時間勤務で十分賄えるといった場合が考えられます。

D　在宅コース　雇用型

D　在宅コース 雇用型	⇨	・契約期間や処遇等は個別設定 ・賃金は業務による／社会保険加入なし ・老齢厚生年金は全額受給／副業・兼業の認定範囲を拡大（ただし一定の要件あり） ※就労場所が自宅等であることの他は、Cパートコースと同様の扱い

○　契約形態・処遇の設定

　ここでは雇用型を想定しています。基本的には65歳までのDコースと同様となります。

○ 対象となる社員

　こちらもBコース対象の考え方の延長線上ですが、基本的には、特化した専門分野の知識やスキルを求めることが重点となります。65歳までと異なり、こちらは就業確保措置の観点から雇用型とし、業務委託型はEに移行しています。また、Aコースで働いてほしいが、本人の考えや事情で、こちらのコースとなることも考えられます。当コースの対象者は、高報酬になる傾向が高いといえます。

E　その他の創業支援等措置に係るコース

　こちらは、2021年4月施行の70歳定年法により登場した措置です。この措置を講ずるには、事前に計画書の作成や過半数労働組合等の合意、本人の希望聴取等の手続きが必要となり、現状では、採用する会社は多くはないと思われます。

○　対象となる社員

　本人が希望することが前提です。社会貢献事業に携わりたい社員や個人事業主として業務請負を希望する社員が対象となります。

70歳定年法を踏まえた高年齢者雇用に関する注意事項

　70歳定年法における65歳から70歳までの就業機会の確保は努力義務ですが、将来的には義務化されることも視野に入れた改正です。また、人「財」が不足しがちな中小企業においては、先んじて、70歳までの雇用を視野に入れた対策を講じることを是非お勧めします。

　ところで、70歳定年法においては、65歳までの雇用確保と異なる部分がありました。詳細は第2章にて解説しておりますが、要点は下記の通りとなります。

---

　a　継続雇用先として特殊関係事業主に加え、他社での再雇用の道が拓けたこと

　b　高年齢者が希望するときは、業務委託や一定要件の下での社会貢献事業に従事できる制度の導入が追加されたこと

　以上の点にはそれぞれ留意すべき点があります。

　aでは、自社が他社の定年後再雇用社員を受け入れ、有期雇用契約にて継続雇用した場合は、自社での有期雇用契約が5年超となると無期転換ルールが適用されます（後述参照）。

　従来の「無期転換ルールの特例」は定年時に雇用していた会社および継続雇用先の特殊関係事業主には適用されますが、他社の場合は、適用されないので注意が必要です。

　さらに、bでは、あらかじめ実施計画の策定や、過半数労働組合（ない場合は、過半数労働代表者）の同意が必要とされています。

ただし、他社の定年後の高齢社員を受け入れて自社で活用すること
にも、一定のメリットはあります。ただし、有期雇用契約で受け入れ
る場合には、当初から最長5年（70歳まで）と規定し、その間に、
自社としてメリットを享受できるような受入れ対策を講じておきま
しょう。
　また、70歳定年法に則り、自社の高齢社員に就業確保措置を講じ
る際に、定年廃止や定年延長を実施する施策も考えられますが、実務
的には、対象者基準を設けた上で、継続雇用制度を導入する会社が多
くなると想定されます。

ポイント

● 処遇の複線コースの設計に際しては、体力低下や生活環境の変
　化、仕事に対する価値観や、仕事とプライベートとのバランス
　の違いといった、高齢社員の特徴も考慮する必要がある
● 出来合いの制度設計ではなく、会社独自の考えや、労使の話し
　合いにより、自社に合ったコースを策定する
● 60歳から65歳、65歳から70歳までの処遇の複線コースには、
　法改正による影響を念頭に入れつつ、それぞれの目的と対象者、
　処遇の違いを設定することになる

（5）就業規則・社内規程の整備

　処遇コースの導入を検討するのと並行して、就業規則、社内規程の整備も進める必要があります。「複線コース」を導入する場合においては、コースの変更等状況に応じた柔軟な対応ができるように、就業規則、社内規程においては明確にコース等を明記することなく、抽象的な表現にとどめることをお勧めします。以下では、65歳までの雇用を前提とした就業規則例、社内規程例を紹介します。

※この規程例はあくまでも例です。実際には、自社のルールに合わせて、適宜修正加筆してください。

①定年年齢が65歳の例

　まず基本的な定年年齢を65歳とする場合の就業規則例は下記の通りです。

★　就業規則例 `DL↓`

> （定年退職）
>
> 第●条
>
> 　社員の定年は満65歳とし、65歳の誕生日の属する月の末日を以て定年退職とする。

②60歳定年→65歳まで有期雇用契約で雇用確保する例

　定年年齢を65歳とし、その後70歳まで雇用継続等でも下記をベースに応用できます。

　ただし、その場合には、会社の意向に応じて、会社が必要と認め、本人が希望する場合とする等、対象者基準を絞ることが可能です。

★　就業規則例 DL↓

> （定年退職）
>
> 第●条
>
> 　　社員の定年は60歳とし、60歳の誕生日とする。
>
> 2　定年後引き続き会社に勤務することを希望する社員は、別に
> 　　定める「嘱託社員規程」に基づき、65歳の誕生日を上限とし
> 　　て再雇用する。

　就業規則とは別に、嘱託規程により定年後の再雇用について規定することも考えられます。以下では、嘱託規程例について紹介します。

★　嘱託規程例 DL↓

> 第●章　定年後再雇用嘱託社員に関する事項
>
> （定年後再雇用の定義）
>
> 第●条
>
> 　　この規程において、「定年後再雇用」とは、就業規則第●条に
> 定める定年に達した社員が希望した場合に定年退職後も引き続き
> 再雇用し、65歳の誕生日までを限度として雇用を継続する制度
> をいう。ただし、心身の故障のため業務の遂行に堪えない等就業
> 規則第×条（解雇）に該当する者、または、就業規則第●条（そ
> の他退職。ただし、定年に達したときを除く。）に該当する者は
> 対象としない。

（定年後再雇用の手続）

第●条

　　定年後再雇用を希望する者は、定年退職日の６ヵ月前までに会社に申し出るものとする。会社は、再雇用を希望する者に対し、原則として定年退職日の３ヵ月前までに労働条件等を提示し、定年退職日の２ヵ月前までに当該再雇用希望者が応諾する場合に再雇用契約を締結するものとする。

２　前項に該当し再雇用契約を締結した場合であっても、定年退職日において、前条の再雇用の対象としない者に該当する場合には、会社は当該再雇用契約を解除することができる。

３　前２項については、会社の決定による。

（雇用期間及び更新）

第●条

　　雇用契約は期間を定めて行うものとし、一雇用契約期間は、定年となった日（本人の誕生日）の翌日より原則として１年間とする。雇用契約を更新する場合における更新後の雇用契約の期間は、本人の誕生日の翌日より原則として１年間とする。ただし、契約期間の満了が満65歳を超えるときは、65歳の誕生日までの期間とする。なお、会社が必要と認め、かつ、本人が希望する場合には、さらに１年以内の有期雇用契約を締結することがある。その場合には、××規則を適用する。

２　前項の雇用期間が満了した場合において、第×条に掲げる基準をすべて満たしたときは、会社は、定年後再雇用嘱託社員に対し、原則として契約期間満了日の２ヵ月前までに労働条件等を提示し、契約期間満了日の１ヵ月前までに定年後再雇用嘱託社員が応諾する場合には契約を更新できるものとする。なお、

契約の更新を希望する者は、契約期間満了日の3ヵ月前までに会社に申し出るものとする。

3　前項に該当し更新後の契約を締結した場合であっても、当該契約開始日前日において就業規則に定める解雇又はその他退職に該当する場合等、更新基準のいずれかを満たしていない場合には、会社は当該更新後の契約を解除することができる。

4　更新にあたって会社が提示する労働条件は、更新前の条件とは異なることがある。

（6）定年後再雇用のための労働条件通知書 兼 個別労働契約書の準備

　定年後再雇用により、引き続き高齢社員を雇用する場合には、定年到達時点において嘱託社員としての労働契約を新たに締結する必要があります。また、契約に際しては、どのような労働条件で雇用することになるのかについて、高齢社員に説明しなければなりません。以下では、定年後再雇用にあたり高齢社員に提示する労働条件通知書 兼 個別労働契約書案を紹介します。実際には、自社のルールに合わせて、適宜修正加筆してください。

★　労働条件通知書 兼 個別労働契約書　案 **DL↓**

【定年後再雇用嘱託社員用】		年　　月　　日
＿＿＿＿＿＿　殿	事 業 所 名 称・所 在 地 使 用 者 職 氏 名	＿＿＿＿＿＿＿＿＿㊞

社員の種別	定年後再雇用嘱託社員
契 約 期 間	期間の定めあり　（有効期間　　　年　　月　　日～　　　年　　月　　日） 1　契約の更新の有無 　　自動的に更新する ・ 更新する場合があり得る ・ 契約の更新はしない ・ その他（　　　　　　　　　） 　　※嘱託契約期間は更新基準を満たした場合でも最長で65歳の誕生日までとする。（嘱託社員規程第○条による） 2　嘱託契約の更新は次の基準により判断する（嘱託社員規程第○条による） 　　・契約期間満了時の業務量・勤務成績、態度、能力　・会社の経営状況・従事している業務の進捗状況・健康状態 　　・その他（　　　　　　　　　　　　　　） 　　※定年後再雇用嘱託社員は解雇または退職の事由に該当しない場合、原則として更新する。
就 業 の 場 所	営業所（所在地：　　　　　　　　　　　　　　　　　　　　　　　　　　）
従事すべき業務内容	
始業、終業の時刻 休憩時間、休日	1　始業・終業の時刻等　原則　始業　　　　　　終業　　　　　　　※業務の都合により変更することがある 　　★変形労働時間制や裁量労働時間制等を採用する際は、その旨及び始業・終業時刻 2　休憩時間　　　＿＿＿＿分 3　所定外労働　　　有　無 4　休日労働　　　　有　無 5　休日　　土曜 ・ 日曜 ・ 祝日 ・ 国民の休日 ・ 年間カレンダーによる ・ その他（　　　　　　　　　） 　　★定例日と非定例日がある場合はその内容を、1年変形労働時間制を採用する場合は年間休日日数等を記載 　　（詳細は、嘱託社員規程第○条～第○条による）
休　　　暇	1　年次有給休暇　6ヵ月以上継続勤務し、全労働日の8割以上出勤した場合は10労働日。その他は法定通り 　　※年次有給休暇の付与に関する勤続年数は定年直前の継続した正社員雇用契約期間を通算する 　　★時間単位の年次有給休暇がある場合はその旨を記載 　　★代替休暇の制度がある場合はその旨を記載 　　（嘱託社員規程第○条による） 2　特別休暇　　有　給　●●休暇、××休暇、他 　　　　　　　　無　給　●●休暇、××休暇、他 　　（詳細は、嘱託社員規程第○条～第○条による）
賃　　　金	1　基本賃金　　（　　　　　　　円 ） 　　★月給、時間給、出来高払い給など、契約に合わせて記載 2　諸手当の額又は計算方法 　　イ　○○手当　　　（嘱託社員規程第●条による） 　　ロ　通勤手当　　　（嘱託社員規定第●条による） 3　所定時間外労働、休日又は深夜労働に対して支払われる割増賃金率 　　イ　所定時間外　法定労働時間超 月60時間以内　25%、月60時間超　50%　※中小企業が2023年度から50%あり 　　　　　　　　　　　　所定超（法定労働時間内）% 　　ロ　休日　法定休日 35%、法定外休日25% 　　ハ　22:00～5:00までの労働に対し　25% 　　（嘱託社員規程第●条による） 4　賃金の締切日　毎月　末日（固定賃金：基本給） 　　　　　　　　　　　　　（変動賃金：時間外手当、通勤手当） 　　★他に手当等がある場合は、それらの手当についても記載 5　賃金の支払日　固定賃金 当月25日 ・ 変動賃金　翌月25日 　　★他に手当等がある場合は、それらの手当についても記載 6　賃金の支払方法　本人名義の金融機関口座への振り込みによる 7　労使協定に基づく賃金支払時の控除　有（　年　月　日付「賃金控除に関する協定書」による） 8　昇給　　有　無　（嘱託社員規程第●条による） 9　賞与　　有　　勤務成績・勤務期間等を考慮し賞与を支給する（原則として年2回、7月と12月）。ただし、会社の 　　　　　　　　　業績状況等やむを得ない場合、支給しないことがある。（嘱託社員規程第●条による） 　　★ない場合は無と記載 10　退職金　　無（嘱託社員規定 第●条による） 　　（詳細は、嘱託社員規程第○条～第○条による）
退職に関する事項	1　契約上限年齢　雇用契約期間は原則として最長65歳の誕生日までとする。（嘱託社員規程第●条による） 2　自己都合退職の手続　原則として希望する退職日の少なくとも30日前までに退職届を提出 3　解雇の事由及び手続（嘱託社員規程 第●条及び第●条による） 　　（詳細は、嘱託社員規程第○条～第○条による）
そ　の　他	・有期雇用特別措置法による特例の対象者であるため、定年後引き続いて雇用されている期間は無期転換申込権は生じない ・社会保険の加入状況（ 健康保険　厚生年金保険　雇用保険 ） ・社内制度　（ 財形貯蓄制度 ）★自社に合わせて ・雇用管理の改善等に関する事項に係る相談窓口 　（部署名）人事部 人事課　　　（連絡先 03‐1234‐5678） ・当労働条件明示書兼個別労働契約書に記載がない事項については、嘱託社員規程による

上記の労働条件について同意し、就業規則他会社の諸規程を遵守し、職務に精励することをここに誓います。

事業所名称	年　　月　　日
使用者職氏名　　　　　　殿	

	労働者氏名 ＿＿＿＿＿＿＿＿＿㊞

（7）無期転換ルールの特例「第二種認定」の取得

　無期転換ルールとは、「労働契約を一回でも更新し、かつ通算契約期間が5年を超えた労働者は、無期労働契約への転換を申し込むことができる」というルールのことをいいます（労働契約法18条）。詳しくは以下のとおりです。

【労働契約法】

●有期労働契約の期間の定めのない労働契約への転換

　同一の使用者との間で、<u>有期労働契約が通算して5年超反復更新された場合</u>、労働者の申込みにより、無期労働契約に転換させる

　　＊原則として、<u>6か月以上のクーリング期間があれば、前期間は通算しない</u>。通算対象契約期間が1年末満の場合は、クーリング期間はその2分の1相当期間とする

　　＊別段の定めのない限り、従前と同一の労働条件とする

※ただし、<u>会社が労働局の認定を取得した場合には、①および②は例外となります</u>

①有期プロジェクトで仕事をする年収1,075万円以上の高収入かつ高度な専門的知識・技術・経験を有する有期雇用労働者

②定年後再雇用社員

　①は10年まで、②は<u>同一会社（一定の関連会社を含む）で働く間は無期転換の申込権が発生しません</u>

　定年後再雇用制度において有期雇用を活用する場合は、あらかじめ無期転換ルールの特例の認定を取得しておきましょう。優秀な高齢社員であれば、60歳定年後65歳過ぎても自社に引き留めておきたいものです。そのときに、無期転換ルールの特例（有期雇用契約を更新し、

通算5年を超えても、労働者に無期転換申込権が発生しないというもの。第二種認定が必要）の適用があれば、引き続き、有期雇用契約で雇い続けることが可能になります。

図表　無期転換ルールと特例

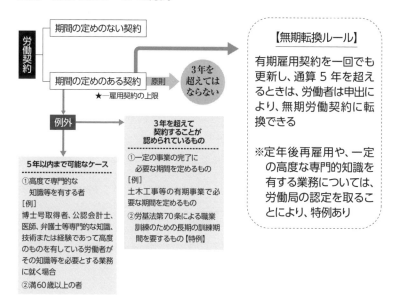

また、無期転換ルールの特例が適用されるまでの流れについては、以下でまとめた通りとなります。

図表　無期転換ルールの特例が適用されるまでのフロー

●無期転換ルールの特例を希望する事業主は、特例の対象労働者に関して、能力が有効に発揮されるような雇用管理に関する措置（※）についての計画を作成
※雇用管理措置の例
　高度な専門職の有期雇用労働者…教育訓練を受けるための有給休暇の付与または長期休暇の付与
　　　　　　　　　　　　　　　　　　　　　　　　　（労働基準法の年次有給休暇を除く）
　定年後継続雇用の高年齢労働者…　高年齢者雇用等推進者の選任

●事業主は、作成した計画を、本店・本社管轄の都道府県労働局に提出する
※申請にあたっては、雇用管理措置の計画書と添付書類のそれぞれ原本と写し合計2部を提出する。写しは認定通知書等の交付時に返却される
※本店・本社管轄の労働基準監督署経由で提出も可
※郵送や電子申請も可

●都道府県労働局は審査し、事業主から申請された計画が適切であれば、認定を行う

●認定を受けた事業主に雇用されると特例の対象労働者（高度専門職と継続雇用の高年齢者）について、無期転換ルールの特例が適用される

　●認定された計画に変更があったときは、計画の変更申請が必要

　認定を受けた後に、認定された計画に変更が生じた場合（申請書の2または3の事項）には、計画の変更申請が必要です。たとえば、60歳定年で65歳までの継続雇用をするとして認定を受けた企業が、定年年齢を65歳に引き上げた場合などが該当します。

★　第二種計画認定・変更申請書

様式第7号

第二種計画認定・変更申請書

年　　月　　日

労働局長殿

1　申請事業主

名称・氏名		代表者氏名 （法人の場合）	
住所・所在地	〒（　－　）	電話番号　　　（　　　） ＦＡＸ番号　　（　　　）	印

2　第二種特定有期雇用労働者の特性に応じた雇用管理に関する措置の内容

- □高年齢者雇用推進者の選任
- □職業訓練の実施
- □作業施設・方法の改善
- □健康管理、安全衛生の配慮
- □職域の拡大
- □職業能力を評価する仕組み、資格制度、専門職制度等の整備
- □職務等の要素を重視する賃金制度の整備
- □勤務時間制度の弾力化

3　その他

- □高年齢者雇用安定法第9条の高年齢者雇用確保措置を講じている。
  - □65歳以上への定年の引き上げ
  - □継続雇用制度の導入
    - □希望者全員を対象
    - □経過措置に基づく労使協定により継続雇用の対象者を限定する基準を利用
  - （注）高年齢者等の雇用の安定等に関する法律の一部を改正する法律（平成24年法律第78号）附則第3項
    に規定する経過措置に基づく継続雇用の対象者を限定する基準がある場合

（記入上の注意）
1.「2　第二種特定有期雇用労働者の特性に応じた雇用管理に関する措置の内容」は該当する措置の内容の□にチェックして下さい。
2.「3　その他」は、該当する□はすべてチェックしてください。

（添付書類）
1.「2　第二種特定有期雇用労働者の特性に応じた雇用管理に関する措置」を実施することが分かる資料（例：契約書の雛形、就業規則等）
2. 高年齢者雇用確保措置を講じていることが分かる資料（就業規則等（経過措置に基づく継続雇用の対象者を限定する基準を設けている場合は、当該基準を定めた労使協定書（複数事業所を有する場合は本社分のみで可。）を含む。））
3. 変更申請の場合は、認定されている計画の写し。

例）「高年齢者雇用等推進者の選任」でのみ第二種認定の申請を行う
　場合

　申請に必要な「第二特定有期雇用労働者の特性に応じた雇用管理の
関する措置の内容」（申請書中　2の事項）は1つ以上の該当でよい
ので、高年齢者雇用等推進者の選任をしているのであれば、措置の内
容はそれのみで申請するとスムーズです。
　高年齢者雇用等推進者は、毎年ハローワークに提出している「高年
齢者雇用状況報告書」に該当欄がありますので、そこで選任されてい
ることが証明できます。
　なお、高年齢者雇用状況報告書の該当欄が空欄であったり、労働者
が30人未満の事業主であって、高年齢者雇用状況報告書の提出がな
かったりした場合には、あらためて選任し、選任書や任命書などの高
年齢者雇用等推進者の辞令に関する社内文書の写し（様式不問）を添
付します。

【添付書類】　申請書に添付する書類は次の通り
イ　高年齢者雇用等推進者の選任を証明できる書類
　　高年齢者雇用状況報告書（または選任届や任命書など）の写し
ロ　就業規則（定年に関する規定部分と再雇用に関する規定部分）の
　　写し
ハ　申請書3　その他で、「経過措置に基づく労使協定により継続雇
　　用の対象者を限定する基準を利用」に☑をいれた場合には、平成
　　25年3月31日以前に締結された労使協定の写し（この後に改定
　　したときは、改定後の労使協定の写しも必要

★　【記入例】第二種計画認定・変更申請書60歳定年で65歳まで、
　　全員を雇用継続する制度を採用している場合

様式第7号

第二種計画認定・変更申請書

令和3年　4　月　1　日

東京　労働局長殿

1　申請事業主

名称・氏名	DH 株式会社	代表者氏名 （法人の場合）	代表取締役 山田　太郎　印
住所・所在地	〒(111-111) 東京都港区…	電話番号　　03 (1111) 1111 FAX番号　　03 (2222) 2222	

2　第二種特定有期雇用労働者の特性に応じた雇用管理に関する措置の内容
　　☑高年齢者雇用推進者の選任
　　□職業訓練の実施
　　□作業施設・方法の改善
　　□健康管理、安全衛生の配慮
　　□職域の拡大
　　□職業能力を評価する仕組み、資格制度、専門職制度等の整備
　　□職務等の要素を重視する賃金制度の整備
　　□勤務時間制度の弾力化

3　その他
　　☑高年齢者雇用安定法第9条の高年齢者雇用確保措置を講じている。
　　　□65歳以上への定年の引き上げ
　　　☑継続雇用制度の導入
　　　　☑希望者全員を対象
　　　　□経過措置に基づく労使協定により継続雇用の対象者を限定する基準を利用
　　　　（注）高年齢者等の雇用の安定等に関する法律の一部を改正する法律（平成24年法律第78号）附則第3項
　　　　　　　に規定する経過措置に基づく継続雇用の対象者を限定する基準がある場合

（記入上の注意）
1.「2　第二種特定有期雇用労働者の特性に応じた雇用管理に関する措置の内容」は該当する措置の内容の□にチェック
　して下さい。
2.「3　その他」は、該当する□はすべてチェックしてください。

（添付書類）
1.「2　第二種特定有期雇用労働者の特性に応じた雇用管理に関する措置」を実施することが分かる資料（例：契約書の
　雛形、就業規則等）
2.高年齢者雇用確保措置を講じていることが分かる資料（就業規則等（経過措置に基づく継続雇用の対象者を限定する基
　準を設けている場合は、当該基準を定めた労使協定書（複数事業所を有する場合は本社分のみで可。）を含む。））
3.変更申請の場合は、認定されている計画の写し。

（8）70歳定年法における他社での継続雇用制度と無期転換申込権

　65歳までの雇用確保措置では自社または特殊関係事業主による雇用契約に限定されていましたが、65歳から70歳までの就業確保措置においては、他の事業主との雇用契約によるものも含むとされました。ただし、この場合であっても、特殊関係事業主との場合と同様、事業主間での契約締結が必要とされています（書面による締結が望ましい）。

【他社での継続雇用の場合には、無期転換申込権が発生】

同一の使用者との間で有期労働契約が更新され、通算5年を超えると、労働者に無期転換申込権が発生します（無期転換ルール）。ただし、都道府県労働局長の認定を受けることにより、同一事業主（特殊関係事業主を含む）において定年後引き続き雇用される期間は、無期転換申込権は発生しません（無期転換ルールの特例）

▼

しかしながら、今回の改正により加わった特殊関係事業主以外の他社で継続雇用される場合は、特例の対象とはなりません

▼

無期転換ルールの対象となります

（9）自社の実態に合った処遇設計を！

　高齢社員の処遇設計については、満点解答はありません。本章では「複線コース」を策定しましたが、実際には、自社のおかれている環境、社員からの意見聴取等を加味しつつ、労使にとってWIN-WINとなるような自社独自の高年齢者の処遇制度を作っていくことが望ましいと考えます。「複線コース」はあくまでも例示ですので、自社に合った複線型コースや処遇コースを準備してください。

　たとえば、営業職は定年はなし、事務職は65歳定年とし全員フルタイム雇用とする会社や、賃金設定が職種により大きく異なる企業等もあります。また、フルタイムコースではなく、パートタイムコースをベースにする会社もありますし、本人の希望により、定年前1年間

を有給休暇扱いにし、転職・起業を目指す社員を支援する会社もあります（ただし、60歳定年を選択する）。このように、あらかじめ収集した他社事例の情報も取り入れ、多様な処遇制度を作ることもよいでしょう。

　なお、前掲の複線処遇コースＡ管理職・スペシャリストコースとＢ嘱託コースについては、労働・社会保険の仕組みを理解しておくことが必要です。賃金は労働価値の対価であるという原則は崩さず、その上で在職老齢年金や高年齢雇用継続給付の仕組みや今回の年金法や雇用保険法等の法改正を踏まえ、上手に活用し、労使双方が納得できる制度を構築すべきと考えます。加えて、高齢社員の処遇を検討する際には、特に賃金については、当然のことながら、現役層社員を含めた総人件費として捉えねばならず、従来の賃金カーブの見直しも必要となることはいうまでもありません。その際には、単なる賃金の多寡のみならず、ジョブ型雇用等の雇用制度への転換や評価制度、処遇制度全般を射程範囲に入れて検討しましょう。

ポイント

- ●就業規則や諸規則、社内規定および労働条件通知書（兼個別労働契約書）の整備も進めていく
- ●5年超の雇用を見込んだ定年後再雇用制度では、無期転換ルールの特例を活用できる。この特例は高齢社員の戦略化が進み、有期雇用契約の上限契約年齢廃止を検討する際に活きてくる
- ●70歳定年法による他社（特殊関係事業主を除く）からの雇用継続の受入れの場合は、無期転換ルールの特例は使えない
- ●処遇設計はモデルケースをそのまま利用するのではなく、自社の実態に合った制度設計が肝要である

著者紹介

渡辺葉子（わたなべ・ようこ）

社会保険労務士法人YWOO代表。特定社会保険労務士。上級個人情報保護士。

損害保険業、人材派遣業を経て、2006年YWOO株式会社を、2016年社会保険労務士法人YWOOを設立。企業の人事労務コンサルティングを行う。同時に、労働関連法に係る改正と企業対応、高齢者活用・人材活用・多様な働き方・年金・社会保険・給与計算・マイナンバー関連等、幅広いカテゴリーのセミナーに加え、セカンドライフセミナー・キャリアチェンジ＆マインドチェンジ等の企業研修を全国で展開中。さらに、執筆、企業の人事労務担当者の育成およびバックオフィスアウトソース受託業務も行っている。

サービス・インフォメーション
————————————————————— 通話無料 ———

① 商品に関するご照会・お申込みのご依頼
　　　　TEL 0120(203)694／FAX 0120(302)640
② ご住所・ご名義等各種変更のご連絡
　　　　TEL 0120(203)696／FAX 0120(202)974
③ 請求・お支払いに関するご照会・ご要望
　　　　TEL 0120(203)695／FAX 0120(202)973

● フリーダイヤル(TEL)の受付時間は、土・日・祝日を除く
　9:00～17:30です。
● FAXは24時間受け付けておりますので、あわせてご利用ください。

～会社の状況にあわせた対応方法がわかる～
令和2年改正高年齢者雇用の法解説と人事制度の考え方

2021年6月10日　初版発行

著　者　渡辺葉子
発行者　田中英弥
発行所　第一法規株式会社
　　　　〒107-8560　東京都港区南青山2-11-17
　　　　ホームページ　https://www.daiichihoki.co.jp/

高齢者雇用人事　ISBN978-4-474-07454-5　C2032 (2)